Eva Maria Kulmer (Hrsg.)

Lebensweisheit des Buddha

Eva Maria Kulmer (Hrsg.)

Lebensweisheit des Buddha

DIEDERICHS

:STYRIA

Die Deutsche Bibliothek - CIP-Einheitsaufnahme

Lebensweisheit des Buddha/ hrsg. von Eva Maria Kulmer. -
Graz ; Wien ; Köln : Verl. Styria ; München : Diederichs, 1999
(Lebensweisheit der Kulturen)
ISBN 3-222-12685-2 (Styria)
ISBN 3-424-01487-7 (Diederichs)

Umschlaggestaltung: Zembsch'Werkstatt, München
Druck und Bindung: Ebner Ulm
ISBN 3-222-12685-2 (Styria)
ISBN 3-424-01487-7 (Diederichs)

INHALT

EINLEITUNG

Der Buddhismus ist eine der großen Weltreligionen, er zählt heute ungefähr 500 Millionen Anhänger und weit mehr Sympathisanten. Entstanden ist diese Religionsform ab dem 5. Jh. v. C. in Indien, aus der Bewegung der Wanderasketen. *Siddharta Gautama* war eine der prägenden Gestalten dieser neuen Lebensform und Weltdeutung. Ihre Kritik richtete sich vor allem gegen die Opferriten der Brahmanen und die altindische Kastenordnung.
In der buddhistischen Reformbewegung gelten alle Menschen und alle Wesen als gleichwertig. Alle Menschen, ob reich oder arm, ob aus hohen oder niedrigen Kasten, ob Frauen oder Männer haben die gleiche Chance, zur „Erlösung" vom leidvollen Dasein zu gelangen. Denn alles Leben ist leidvoll. Doch das Leiden kann vermindert werden, wenn die Gier nach Besitz und nach Leben zurückgenommen wird.
Ziel des Lebens ist die Erlösung vom Leiden und die Beendigung des Kreislaufs der vielen Geburten. Die innere Lebenskraft des Menschen soll zur „Erleuchtung" und zur Ruhe kommen. Die Gläubigen möchten so schnell wie möglich den Kreis der vielen Geburten beenden. Dafür müssen sie eine bestimmte Lebensform verwirklichen, sie müssen ein Leben lang nach der Erlösung streben.
Zur Lebensform des Buddhisten gehört die Meditation, die Sammlung der Lebenskräfte. Zu ihr gehört dann die Einübung in den Verzicht, das Erlernen von Mitgefühl mit allen Lebewesen, den Mitmenschen zuerst. Der Gläubige geht den „mittleren Weg" zwischen dem übertriebenen sinnlichen Genuß und der Verweigerung der Sinnlichkeit.
Für ihn gelten die fünf Grundgebote, nämlich kein Leben zu töten, nicht zu lügen, nicht zu stehlen und zu rauben, keine unerlaubten sexuellen Beziehungen zu haben, keine berauschenden Getränke zu trinken. Doch das Grundgebot für alle

Buddhisten lautet, das Mitgefühl mit den Leidenden zu lernen und Leiden zu verringern, wo es nur möglich ist.
Die gelebte Ethik ist entscheidend für die Erlösung, nicht die Zugehörigkeit zu einer bestimmten Kaste. Die alten Schutzgötter werden relativiert, ja der erleuchtete Mensch kann sogar höher steigen als in die Welt der Götter. Jeder Gläubige soll sich am ersten Erleuchteten (Buddha) ein Vorbild nehmen, er soll ihm nacheifern. Er muß der heiligen Lehre folgen, dann kann er sich in der Gemeinschaft der Glaubenden geborgen fühlen.
Im Laufe der Zeit bilden sich mehrere Formen des buddhistischen Glaubens. Zunächst gibt es den *Mönchsbuddhismus,* das „Kleine Fahrzeug“ zur Erlösung. Er legt großen Wert auf Askese und Verzicht, Mönche und Nonnen sind der Erlösung näher als die Laien. Hingegen sieht der *Laienbuddhismus,* das „Große Fahrzeug“ auf dem Weg zur Erlösung, die Sinnlichkeit als ein göttliches Geschenk, das es zu entfalten gilt. Wichtig sind das gelebte Mitgefühl und die Barmherzigkeit. In den *Zen-Buddhismus* fließen Lebensformen der japanischen Kriegerethik ein, dort gelten Abhärtung und Willenstraining als Mittel zur Erlösung.
Im *Varajana-Buddhismus,* dem „Diamantenen Fahrzeug“, erkennen wir viele Elemente der alttibetischen Volksreligion, auch hier hat Sinnlichkeit einen hohen Stellenwert.
Bestimmend für das buddhistische Leben ist der ethische Altruismus. Jeder Gläubige soll Mitgefühl mit den Leidenden zeigen, er soll auf der Seite der Schwachen stehen. Denn es sollen alle Lebewesen vom Leiden erlöst werden. Die eigenen Verdienste können auf andere Menschen und Wesen übertragen werden. Doch die Mönche und Nonnen stehen der Erlösung näher als die Laien, die noch öfter geboren werden müssen. Alle Gläubigen streben nach der „Gnade“ des Buddha, den sie voll Vertrauen anrufen.

Sie wollen voll Barmherzigkeit und in Friedfertigkeit leben. Die Meditation spielt in ihrem Leben eine große Rolle, sie wollen ihre Lebenskraft stärken. Und sie müssen sich regelmäßig durch das Ritual und Bekenntnis von der Schuld reinigen. Sie sprechen die heiligen Texte und den Lobpreis des Buddha. Es geht in ihrem Leben nicht zuerst um das Genießen der Dinge und der Güter. Es geht um das Teilen der Güter, damit auch andere Menschen gut leben können. Wer nicht mehr an seiner eigenen Person hängt, wird reif, in die kosmische Leere einzugehen.
In Europa und den Vereinigten Staaten verbreitet sich seit langem der westliche Buddhismus, auch Neo-Buddhismus genannt. Menschen der westlichen Kultur versuchen zunehmend, auf selektive Weise buddhistische Lebenswerte zu verwirklichen. Durch die Meditation wollen sie ihre innere Lebenskraft stärken. Und sie ringen um Mitgefühl mit den Leidenden, den Bedrückten, den Armen. Ihr persönlicher Einsatz gilt einer Kultur der Versöhnung und des Friedens.
So prägt der Buddhismus eher eine friedvolle Kultur, der gewaltlose Widerstand gegen Unterdrückung wird ein Zielwert. Der Gläubige darf und muß sich mit angemessenen Mitteln verteidigen, wenn er angegriffen wird. Doch er darf nicht von sich aus Mitmenschen angreifen oder einen Angriffskrieg beginnen. Das Menschenbild ist positiv und optimistisch, der Mensch ist von Natur aus gut und zum Guten fähig. Der Gläubige freut sich an Sinnlichkeit und Sexualität, er sieht darin ein göttliches Geschenk. Doch hängt er nicht an seiner Sinnlichkeit und seinem Besitz.
Der Buddhist übt sich im Loslassen der Dinge, er will nichts krampfhaft festhalten, wenn er sich aus diesem Leben verabschiedet. So übt er sich in die Kunst des Abschiednehmens und des Sterbens ein. Er hofft auf die lichtvolle Stille, in die er eingehen möchte. Einen Monopolanspruch auf seinen Glau-

ben benötigt er nicht. Für ihn gibt es viele Wege zur Erlösung und zur Erleuchtung. So können Buddhisten tolerant mit anderen Religionen und Überzeugungen zusammen leben.
Von diesen Grundgedanken sind die Lebensweisheiten der Buddhisten geprägt. In diesem Buch werden 212 Texte aus der buddhistischen Weisheit ausgewählt, von den Anfängen bis in die Gegenwart. In allen diesen Lehren zeigt sich die Weisheit des Buddha, des ersten aller Erleuchteten.
Diese Texte werden zunächst erklärt, dann werden sie auf heutige Lebenssituationen westlicher Menschen bezogen. So können wir in diesen Weisheiten eine starke Bereicherung für die eigene Lebensgestaltung finden. Sie wollen uns anregen, unser Leben aufmerksam, mitfühlend und friedvoll zu gestalten, wo und wann immer wir leben mögen.

Hier und heute

Geh ganz in deinen Handlungen auf und denke,
es wäre deine letzte Tat.
Die meisten irdischen Leiden bereiten wir einander selbst.
Vergangene Liebe ist bloß Erinnerung.
Zukünftige Liebe ist ein Traum und ein Wunsch.
Nur in der Gegenwart, im Hier und Heute,
können wir wirklich lieben.
Wer sind die konkreten Menschen um mich herum,
die meine Zuneigung und mein Mitgefühl brauchen?

Dhammapada 117

Impulse

Buddha ist der große Lehrer auf dem Weg zur Erleuchtung und zur Erlösung. Es geht darum, daß wir in unserem Leben das Leiden vermindern, daß wir anderen nicht Schmerzen zufügen, daß wir Mitgefühl mit den Leidenden lernen.

Im Hier und Jetzt sollen wir leben, nicht an der Vergangenheit hängen. Und nicht auf die Zukunft warten, sondern jetzt die Liebe einüben. Jetzt auf die Mitmenschen achten, die unser Mitgefühl brauchen.

Alles Leben ist leidvoll für empfindende Lebewesen. Wir können unsere Gier nach Besitz, nach Habenwollen und Festhalten verringern. Und wir können es lernen, die Dinge rechtzeitig loszulassen.

In unserer hektischen Zeit können wir die Geschwindigkeit etwas verringern. Wir können uns Zeit lassen, das Leben zu gestalten. Wenn wir vom Ursprung her leben, wird unser Dasein lichtvoller als es bisher war.

Hast du mehr davon, wenn du Mitmenschen grollst,
oder wenn du ihnen ihre Fehler verzeihst?
Wäge dies genau ab, dann entscheide dich.
Das Glück erlebst du,
wenn deine Worte und Taten ein Nutzen sind,
für dich selbst und für deine Mitmenschen.
Der Anfänger auf dem Weg zur Weisheit hat noch viele Möglichkeiten,
sich zu entscheiden.
Doch der Fortgeschrittene hat nur mehr wenig Möglichkeiten.

Dhammapada 112

Impulse

Wenn wir von anderen verletzt werden, sind unsere natürlichen Reaktionen Groll und Zorn. Oft wollen wir unsere Verletzungen an anderen rächen, bewußt oder unbewußt. Doch dann kommt der Kreislauf des Bösen unaufhaltsam in Gang.

Wir müssen aber nicht blind unserer Natur folgen, wir können unsere biologischen Anlagen kultivieren. Wir können lernen, auf Rache und Haß zu verzichten, sie loszulassen.

Denn wir haben in uns die Fähigkeit, anderen und uns selbst zu verzeihen. Durch innere Stärke können wir Haß in Mitgefühl verwandeln, dies macht uns glücklich.

Die Botschaft des Buddha ist: Wir müssen nicht hassen, wir können lieben! Das tiefe Glück des Lebens besteht darin, für andere nützlich zu sein. Der weise Gewordene will für andere leben.

Wir sind alle voneinander abhängige Wesen,
das sollten wir nicht vergessen.
Das geistliche Leben ist geprägt durch ein gutes Maß an gesundem Menschenverstand.
Wir können weise sein und voll Freundlichkeit zu allen Lebewesen.
Wer mitfühlend lebt, dessen Leben wird gelassen.

Dhammapada 121

Impulse

Die Weisheit des Buddha ist immer dem einfachen Leben nahe. Doch unser Leben ist heute so kompliziert geworden, wir haben die natürlichen Dinge aus den Augen verloren. Isoliert voneinander suchen wir nach optimaler Selbstverwirklichung.
Ein starker Trend geht zu mehr Egoismus und Gewinn, zumeist auf Kosten anderer. Haben wir vergessen, daß wir von den Mitmenschen abhängen, daß wir miteinander verflochten sind? Keiner lebt für sich allein. Wer dies nicht glaubt, täuscht sich tief. Immer sind es Mitmenschen, die für uns wirken, die mit uns leben, die uns begleiten.
Dies zu sehen, gehört zur Weisheit des Lebens. Es ist gut, wenn wir dies annehmen können und danach handeln. Wer sich in Mitgefühl mit anderen übt, kann gelassen leben. Dies sagt uns auch der gesunde Menschenverstand.

Spanne dein Leben wie die Saiten eines
Musikinstruments.
Deine Vorsätze sollen nicht zu straff sein,
sonst brechen sie.
Sie dürfen auch nicht zu schlaff sein,
sonst geben sie keinen Ton.
Dein Mitgefühl muß dich selber einschließen,
du mußt mit dir und anderen fühlen lernen.

Samyutta Nikaya 17

Impulse

Zur Lebensweisheit des Buddha gehört das rechte Maß. In unserem Überfluß sind wir heute maßlos geworden, denn fast alles steht uns zur Verfügung. Noch nie war der Wohlstand so groß wie heute.

Aber sind wir damit glücklich? Warum raffen wir immer mehr? Warum hasten wir durch das Leben? Warum sehen wir die Nöte der Mitmenschen kaum? Warum quälen uns Ängste und Depressionen?

Wo wäre das rechte Maß für mein Leben? Wo liegen meine Möglichkeiten, und wo beginnen meine Grenzen? Wo habe ich den Bogen überspannt, und wo hängen meine Saiten schlaff? Kann ich mein Leben als Kunstwerk sehen, wie Musik aus der Tiefe? Dann wird mir Mitgefühl möglich, mit mir selbst und mit anderen. Es ist eine hohe Kunst, sich selbst und konkrete Mitmenschen zu lieben.

Alles mit Maß

Du mußt Geduld haben mit dir selber,
so wie Kinder Geduld brauchen.
Wenn das Leben von außen her schwer wird,
dann müssen wir einander besonders wohlgesinnt sein.
Unsere Leiden und Wunden werden nur dann geheilt,
wenn wir sie voll Mitgefühl berühren.
Tue alles, was du tust, mit Augenmaß.
Übertreibe auch deine Askese nicht.

Jataka I, 12f

Impulse

Viele von uns haben längst das rechte Maß verloren, sie hasten durch das Leben. Sie sind verführt durch die Sprache der Werbung, die immer mehr und immer Schöneres verspricht.
Viele nennen ihre Hektik das große Lebensglück, sie wollen immer mehr besitzen. Doch ihre Seele kümmert und leidet, sie wird von Angst und Lähmung bedrückt.
Wo ist ein Ausweg? Wir können es lernen, mit dem Lebendigen Geduld zu haben. Und wir können wieder staunen lernen über die kleinen Dinge des Lebens. Vor allem, wir können den Mitmenschen Gutes tun.
Unsere eigenen seelischen Wunden sollen wir voll Mitgefühl berühren, dann können sie heilen. Gemeinsam können wir Leiden und Schmerz verwandeln. Es ist an der Zeit, daß wir wieder das rechte Maß finden.

Der Zeitpunkt zum Erwachen ist immer jetzt.
In der Gegenwart tu das Gute, nicht erst morgen.
Durch unsere Sinne erscheint uns die Welt.
Doch Vieles, was wir in der Welt sehen, ist Täuschung.
Wir alle haben Vorlieben und Wünsche;
das ist gut, doch wir sollten nicht an ihnen haften.

Har Dayal

Impulse

Von welchem Schlaf sollen wir erwachen? Was ist dunkel in unserem Leben? Es ist all dies, was in unserer Welt das Leiden vermehrt. Es ist dort, wo wir uns selbst und andere täuschen. Wenn wir egozentrisch leben und nur auf Gewinn aus sind, zumeist auf Kosten anderer Menschen, dann schaffen wir Leiden. Wenn wir einander abwerten und ausnutzen, vermehren wir den Schmerz.

Nicht alles, was wir uns vorstellen, entspricht der Wirklichkeit. Wir deuten unser Leben, doch wir können uns auch täuschen. Es ist wichtig, daß wir den vielen Leiden um uns in die Augen sehen.

Wenn wir unseren Wünschen nachgehen, dann müssen wir sehen, welche Wünsche aus unseren authentischen Bedürfnissen entspringen, und welche uns nur von anderen vorgespielt werden. Wir sollten das Gute tun, solange es Zeit ist.

Freude erwächst uns nicht aus Besitz und Reichtum.
Wahre Lebensfreude kommt aus einem weisen und liebevollen Herzen.
Je mehr wir unsere Lebenskraft für andere hingeben, umso mehr strömt sie zu uns zurück.
Wir denken, wir haben viel Zeit zum Reifen.
Doch wir lassen viel Zeit ungenützt verstreichen.

Suttanipada 116

Impulse

Wir alle suchen das kleine und das große Glück des Lebens. Wir suchen die Freude, nicht den Schmerz. Doch wir stellen es oft verkehrt an, dieses Ziel zu erreichen. Wir gehen zu oft die falschen Wege und verrennen uns.

Denn wir gieren nach Besitz und Reichtum, doch unsere Seele bleibt dabei leer. Wir sichern uns Macht und Ansehen, doch im Innern bleiben viele einsam. Was wir selten finden, ist ein liebevolles Herz.

Nun ist uns Liebe nicht angeboren, wir müssen sie mühsam lernen. Und dies ein Leben lang. Doch wir können uns üben, Lebensenergie für andere einzusetzen. Dann strömt sie vielfältig auf uns zurück.

Unsere Lebenszeit ist länger geworden. Wir haben also viel Zeit, um innerlich zu reifen. Nützen wir diese Zeit, Tag für Tag? Im Augenblick des Todes wird uns Reife abverlangt, allen ohne Ausnahme.

Gesundheit der Seele und des Körpers ist unsere größte Gabe.
Zufriedenheit ist unser größter Reichtum.
Vertrauen ist das beste Verhältnis zu den Mitmenschen.
Wenn wir achtsam mit den Dingen umgehen, werden sie uns zum Segen.
Wenn wir sie unachtsam benutzen, zeitigen sie böse Folgen.

Suttanipada 12

Impulse
Viele wollen die Gesundheit der Seele und des Körpers erhalten. Doch andere zerstören ihre Gesundheit bewußt oder unbewußt, weil sie keine Erlaubnis haben, ihr Leben zu entfalten.
Zu viele um uns nehmen Drogen, Alkohol oder Nikotin. Andere schädigen ihr Leben durch zuviel an Streß. Doch wir können uns selbst die Erlaubnis geben, das Leben gesund zu entfalten.
Wie erlernen wir den inneren Frieden, die Zufriedenheit? Wie finden wir das innere Gleichgewicht für die Seele und den Körper? Wir können es lernen, mit allen Dingen und Wesen achtsam umzugehen.
Es ist gut, wenn wir bewußt auf unsere Mitmenschen achten, denen wir begegnen. Was sind ihre Bedürfnisse und Wünsche? Was kann ich tun, sie zu befriedigen? Auch dies ist Weisheit des Buddha.

Das gelingende Leben

Wer soll sich sonst um uns kümmern,
wenn wir es nicht gegenseitig tun?
Meide den Umgang mit törichten und
feindseligen Menschen.
Laß dich nicht durch andere von deinen
Absichten abbringen.
Wenn du führende Aufgaben hast,
dann sei aufrichtig im Reden,
redlich im Handeln, großzügig zu allen.
Dann wird alles gut gelingen.

Jataka I, 19f

Impulse

Wir alle streben danach, daß unser Leben gelingen möge. Doch oft begeben wir uns auf falsche Wege und Spuren, um dieses Ziel zu erreichen. Zuviele törichte Angebote umgeben uns.
Wir haben keinen anderen Weg, als daß wir uns umeinander kümmern. Denn wir können einander unsere ursprünglichen Bedürfnisse erfüllen. Wir sind fähig, füreinander zu sorgen.
Doch wir müssen uns gegenseitig korrigieren, wenn einer auf dem falschen Weg ist. Und wir müssen sehr ehrlich und aufrichtig miteinander umgehen, wenn wir persönlich reifen wollen.
Die Grundregeln des gelingenden Lebens sind einfach, doch sie sind schwer zu verwirklichen. Wir müssen uns anstrengen, um sie einzuüben, Tag für Tag. Wir können die Mitmenschen nicht wählen, denen wir begegnen.

Wenn du wirtschaftlichen Gewinn hast,
dann gib einen Teil den Notleidenden.
Und einen Teil spare für spätere Zeiten,
einen Teil nutze jetzt für dich selber.
Was wir in ruhigen Zeiten sammeln,
das bewahren wir für Zeiten des Sturmes
und des Wandels.
Wir sollen lernen, empfänglich zu sein für alles,
was Mitmenschen uns schenken wollen.

Jataka I, 27

Impulse

Nach der kapitalistischen Weltlehre streben wir nach der Maximierung des Gewinns, nach dem größtmöglichen Erfolg. Doch was machen wir dann mit unseren Gewinnen und Rücklagen?

Nur wenige geben einen Teil davon an Notleidende. Den Reichen und Mächtigen fällt das Teilen mit den Armen besonders schwer. So werden die Armen und die Ausgegrenzten um uns immer zahlreicher.

Wir können immer nur wenigen helfen. Doch wenn das viele tun, wird vielen geholfen. Durch das Teilen und Schenken werden wir innerlich reich. Denn es strömt Dankbarkeit zu uns, auch der Arme hat etwas zu geben.

Wir sollten empfänglich sein für das Wenige, das Arme zu geben haben. Wir sollten uns ihren bittenden Blicken nicht verschließen. So sammeln wir innere Kraft für Zeiten des Wandels.

Wie schwer auch das Gestern gewesen sein mag,
wichtig ist, daß du heute neu beginnen kannst.
Unser Körper ist ein kostbares Geschenk,
wir sollten ihn sorgsam pflegen.
Denn er ist der Ort unseres Erwachens
und unserer Erleuchtung.
Halte deinen Körper aufrecht,
atme tief und entspannt,
dann kann deine Lebensenergie fließen.

Jataka I, 25

Impulse

Können wir wirklich neu beginnen, wenn das Gestern schwer war? Zuerst müssen wir lernen, das loszulassen, was uns vom Gestern bedrückt. Auch die Verletzungen der frühen Kindheit sollten wir loslassen.

Viele streben heute nach einer neuen Körperkultur, sie sehen ihren Körper als Kunstwerk. Sie trainieren ihn hart, manche überfordern ihn. Einige schädigen ihre Gesundheit.

Der Körper ist das kostbarste Geschenk des göttlichen Schöpfers, wir sollen mit Augenmaß seine Kräfte entfalten. Die Freude an Sinnlichkeit und an Sexualität gehört zur Kultur des Körpers.

Viele Menschen haben von ihrer Kindheit her nicht die Erlaubnis, ihren Körper zu entfalten. Doch wir können einander helfen, daß wir uns gegenseitig diese Erlaubnis geben. Dann wird unser Leben schön und glücklich.

Wenn du ißt, dann iß langsam
und achte auf deinen Körper.
Laß dir von deinem Magen sagen,
wann du aufhören sollst.
Iß nicht über das gesunde Maß,
sonst schädigst du dich selber.
Wir alle streben nach Weisheit,
denn Wissen haben wir genug.
Die Weisheit aber kommt aus den
vielen kleinen Aufmerksamkeiten des Lebens.

Jataka I, 31

Impulse

Zur Kultur unseres Körpers gehört die Achtsamkeit auf unsere Bedürfnisse. Viele Lebensvollzüge bleiben uns unbewußt. Doch manche können wir bewußt erleben, wenn wir unseren Gefühlen folgen.

Es ist wichtig, daß wir maßvoll essen und trinken. Doch viele wollen durch exzessives Essen und Trinken seelische Verletzungen zudecken. Andere wollen zügellos Sinnlichkeit und Sexualität genießen.

Wir schädigen uns selbst, wenn wir das rechte Maß vergessen. In einer Kultur des Überflusses ist es nicht leicht, die rechte Grenze zu ziehen. Wir brauchen die Erfahrungen alter Kulturen, die um diese Grenze wußten.

Wir alle haben die Chance, in kleinen Schritten die Weisheit des Lebens einzuüben. Niemand muß seinen Körper schädigen, niemand muß andere verletzen. Wir können heute unter vielen Wegen und Angeboten wählen.

Die Helligkeit des Lebens

Es gibt heilige Orte und heilige Zeiten.
Achte auf die Augenblicke,
in denen du Weisheit des Lebens entdeckst.
Der Buddha ist der Erwachte und der Erleuchtete,
er steht zwischen den Mitmenschen und den Göttern.
Wer der Weisheit des Lebens begegnet,
der schaut ein Stück des Erleuchteten,
denn sein Licht strahlt in unser Leben.

Milindapana 37

Impulse

Jede Kultur kennt heilige Orte und Zeiten, die aus dem Alltäglichen herausgehoben sind. Es gibt Orte, die als Plätze besonderer Lebenskraft erfahren werden. Und es gibt Zeiten, die besonders intensiv erlebt werden.

Dazu gehören die Übergänge zwischen den einzelnen Lebensabschnitten, von der Kindheit zur Jugend, dann zum Erwachsensein, dann zum Alter und zum Tod.

Es gibt Begegnungen mit Menschen, die unser Leben verändern, die uns das Ursprüngliche und das Göttliche ahnen lassen. Wir begegnen den Spuren der Weisheit und unser Leben wird heller.

Der Buddha ist ein Erleuchteter, er ist dem Licht des gelingenden Lebens begegnet. Es ist das Licht des Mitgefühls und der Nächstenliebe, das von ihm auf die Menschenwelt strahlt.

Das Begehren nach Besitz und Reichtum
macht uns blind.
Wir sind wie Taschendiebe,
die nicht genug bekommen können.
Und wenn wir nicht das bekommen, was wir begehren,
sind wir enttäuscht.
Selbst wenn wir es bekommen,
sind wir oft nicht glücklich.
Sieh zu, daß du nur wenige Dinge begehrst,
dann wirst du glücklich sein.

Nach: Milindapana 42

Impulse

In den westlichen Kulturen leben wir in großem Wohlstand. Doch es gibt auch viele arme Menschen unter uns. Die Gier nach Besitz und Reichtum macht unsere Augen blind für die Nöte vieler anderer Menschen.

Doch viele sind in ihrem Überfluß nicht sehr glücklich, sie sind ruhelos und wollen immer mehr. Die Augen vieler Reicher sind leer und kalt geworden. Allzu vielen ist ein Sinn des Lebens abhanden gekommen.

Die Kunst des guten Lebens besteht nun darin, mit wenigen Gütern glücklich zu sein und auf die kleinen Dinge zu achten. Es geht vor allem um gute und gelingende Beziehungen zu den Mitmenschen, nicht um Sachwerte.

Unsere ursprünglichen Bedürfnisse gehen nämlich dahin, lieben zu können und von anderen geliebt zu werden. Wir wollen geborgen sein bei guten Menschen und anderen Geborgenheit schenken. Das ist tiefe Weisheit des Lebens.

Wenn unsere Wünsche spärlich werden,
dann ist unser Herz glücklich.
Wo wir nur mehr wenig begehren,
dort kehrt der Friede ein.
Das Zeitlose und Ewige können wir im Jetzt erahnen,
es begegnet uns überall.
Bringe allen Lebewesen,
denen du auf deinem Lebensweg begegnest,
deine guten Wünsche dar.

Nach: Milindapana 48

Impulse

Dies ist die Kunst des guten Lebens, daß unsere Wünsche spärlich werden. Wir brauchen nicht viele Sachwerte und Güter, um glücklich zu sein. Wichtig sind uns gelingende Beziehungen zu Mitmenschen, daß unser Leben blühen kann.

Wir müssen also lernen, im Überfluß der Dinge unsere Wünsche zurückzunehmen. Auch uns ist es möglich, auf die kleinen Dinge zu achten und mit ihnen zufrieden zu sein.

Doch wenn wir unseren gierigen Wünschen keine Grenzen setzen, dann zerstören wir unsere Erde und unsere Umwelt. Es ist an der Zeit, umzudenken. Denn das Ewige beginnt im Jetzt, das Bleibende muß jetzt getan werden.

Es ist die Liebe, die bleibt, über den Wandel der Zeit hinaus. So ist es sinnvoll, allen Lebewesen Gutes zu wünschen und Gutes zu tun. Es ist gut, friedvoll und aufmerksam mit allen Mitmenschen umzugehen. Das sind Ziele eines guten Lebens.

Wir fahren an der rechten Straßenseite,
um sicher an das Ziel zu kommen.
Genauso müssen wir den Gesetzen der Natur folgen,
wenn wir auf dem Weg der Freiheit vorankommen
wollen.
Du sollst zum Wohl und zum Glück
aller Wesen handeln.
Folge diesem guten Weg des Mitgefühls,
so wie der Mond den Sternen folgt.

Nach: Jack Kornfield 57

Impulse

Wir müssen uns an Regeln und Gesetze halten, sonst können wir nicht miteinander leben. Doch welche sind die Regeln der Natur, welche sind unsere ursprünglichen Lebensbedürfnisse? Es ist gut, wenn wir es lernen, auf unsere inneren Bedürfnisse zu achten, Mitgefühl zu allen Lebewesen zu zeigen, innerlich frei zu werden. Denn wir alle können zum Wohl der Mitmenschen beitragen.

Es ist nicht gut, wenn wir egoistisch und autistisch leben. Denn wenn viele das tun, dann wird unsere Lebenswelt kalt und leer. Geborgenheit erleben wir nur, wenn wir zueinander Mitgefühl austauschen.

Mitgefühl ist der Grundwert der buddhistischen Weisheit. Wir können es lernen, auf die Bedürfnisse der Mitmenschen zu achten, mit den Leidenden zu fühlen, mit den Glücklichen die Freude zu teilen. Und unser Leben wird von innen her reich werden, wenn wir diesen Weg gehen.

In die Mitte gehen

Wenn du weise geworden bist,
dann bist du wie eine Lampe,
die vielen Menschen leuchtet.
Das Licht erhellt dein ganzes Leben.
Das Karma ist wie ein sausender Schwung eines Pferdeschweifes,
es kann unser Leben verändern.
Wenn du gehst, dann geh einfach nur.
Und wenn du sprichst, dann tu nichts anderes.
Wenn du ißt, dann achte auf deinen Körper.

Nach: Jataka II, 12

Impulse

Wir wissen heute viel aus den Wissenschaften, wir vermehren ständig unser Wissen. Aber werden wir damit auch lebensweise? Weisheit des Herzens hat einen hohen Stellenwert in unserer Zeit des Überflusses und des Konsums.

Weisheit des Lebens wirkt ähnlich wie Licht, sie macht unser Leben hell. Und sie wärmt unsere Lebenswelt, sie strahlt auf Mitmenschen aus. Licht und Wärme brauchen wir zum Leben. Unsere Taten haben immer Folgen, für uns selbst und für Mitmenschen. Damit ist nichts im Leben zufällig oder beliebig. Nichts muß banal und ohne Sinn sein.

Wir sollten immer nur eines tun, dies aber bewußt und aufmerksam. In der allgemeinen Hektik des Lebens nehmen wir uns zu wenig Zeit, um die kleinen Lebensvollzüge behutsam zu tun.

Innere Freiheit wächst nicht dadurch,
daß wir Vieles anstreben.
Sie kommt vom Erschauen des Wahren,
sie wächst aus der Stille.
Wenn wir nach der letzten Wahrheit suchen,
dann müssen wir viele unserer bisherigen
Überzeugungen loslassen.
Meditieren heißt, in die Mitte unseres Wesens gehen,
und mit aufrichtigem Herzen lauschen.

Nach: Jataka II, 17

Impulse

Für viele Zeitgenossen ist die innere Freiheit kein hoher Wert. Sie folgen mit Begeisterung den Normen des Faktischen, den Zwängen des Konsums, den Vorgaben der Werbung. Das große Glück sehen sie im Anhäufen von Gütern.

Doch warum ist unser Leben so unruhig und so wenig erfüllt? Warum brauchen so viele um uns Drogen, um ihre innere Leere zu füllen? Warum muß so viel seelischer Schmerz mit Alkohol betäubt werden?

Von woher aber kommt dieser seelische Schmerz in Zeiten des Überflusses? Wir bleiben einander zu Vieles schuldig, wir zeigen einander wenig Mitgefühl und Zuwendung. Wir sind zu sehr mit uns selbst beschäftigt.

Können wir dies verändern, können wir andere Wege gehen? Wir können in die Mitte unseres Wesens gehen und lauschen, was unsere ursprünglichen Bedürfnisse sind. Und dann können wir beginnen, mehr aufeinander zu achten.

Alles, was einen Anfang hat, wird auch ein Ende haben.
Wenn wir uns mit diesem Lauf der Dinge aussöhnen,
kommen wir dem Glück ein Stück näher.
Zentriere dich auf deine Personmitte,
überdehne dich nicht nach außen.
Weite dich von deiner Mitte her,
aber kehre wieder zu deiner Mitte zurück.
Und verweile bei dir selbst.

Nach: Jataka II, 24

Impulse

Auch unser Leben wird ein Ende haben. Können wir dies annehmen, können wir uns damit aussöhnen? Oder leben wir im Protest und in der Verweigerung, weil wir sterben müssen? Es gehört zur Kunst des gelingenden Lebens, seine Grenzen annehmen zu können. Wir können uns einüben, den Tod anzunehmen. Denn einmal müssen wir von allem Abschied nehmen.

Wir können von Zeit zu Zeit in unsere Personmitte gehen und uns von der Außenwelt zurückziehen. Dann hören wir in uns hinein, welche unsere ursprünglichen Wünsche und Bedürfnisse sind.

In einer lärmigen und hektischen Zeit tut uns die Stille gut, von Zeit zu Zeit. Wir müssen nicht vor uns fliehen, auch nicht vor unseren Verletzungen. Wir können lernen, das Leben anzunehmen, wie es ist.

Nimm dir täglich Zeit, ruhig dazusitzen
und den Dingen zu lauschen.
Achte auf die Melodie des Lebens, die in dir schwingt.
Glaube an die Kraft eines freizügigen Herzens.
Und gib anderen Wesen von dem, was du hast.
Denke daran, dein Brot mit den Hungrigen zu teilen.

Jataka II, 34

Impulse

In unserer lauten Zeit fällt es uns nicht leicht, still dazusitzen und das Leben geschehen zu lassen. Wir sind auf Bewegung, auf Arbeit und auf Leistung trainiert. Und wir haben wenig Zeit.

Aber stimmt das wirklich? Oder flüchten wir vor etwas, das wir nicht kennen? Warum muß unsere Lebensgeschwindigkeit so hoch sein, wenn wir im Überfluß leben?

Doch wir können es lernen, uns der Stille auszusetzen, auf die innere Melodie des Lebens zu lauschen. Wenn wir das Eigene mit anderen teilen können, werden wir innerlich reich beschenkt.

Warum fällt uns heute das Teilen mit Armen so schwer? Können wir noch in die Augen der Leidenden und der Ausgegrenzten sehen? Haben wir Zeit für Liebe und Mitgefühl, die aus dem Herzen kommen?

Das rechte Loslassen

Berühre alle Lebewesen um dich,
wie die göttliche Mutter der Welt es tut.
Behandle alle Wesen so, als seien sie deine Kinder.
Tu anderen Lebewesen kein Leid an,
denn sie fühlen wie du.
Sie sind deine Geschwister.
Lerne rechtzeitig, die Dinge um dich loszulassen.
Darin liegt der Schlüssel zur wahren Glückseligkeit.

Digha Nikaya II, 204

Impulse

Der Buddhismus vermittelt uns auch einige weibliche Werte. Bei Frauen ist der Instinkt der Brutpflege besonders ausgeprägt. Aus ihm entwickeln sich Zuwendung und Mitgefühl.

Doch auch Männer können dieses Verhalten lernen. Wenn wir an eine göttliche Mutter glauben, dann müssen wir andere nicht verletzen. Denn wer sich von göttlichen Kräften geliebt weiß, kann Liebe an andere Wesen weitergeben.

Alle Lebewesen fühlen den Schmerz der Verletzung, wie wir ihn fühlen. Es ist völlig abwegig zu meinen, Tiere würden wenig oder gar nicht leiden. So ist es dringlich, daß wir mitfühlend mit allen Lebewesen umgehen.

Irgendwann müssen wir alle Dinge des Lebens loslassen. Es ist gut, wenn wir rechtzeitig lernen, uns von festen Bindungen an Dinge zu trennen. Wir können uns der kleinen Geschehnisse im Leben freuen, aus ihnen wächst die große Freude des Lebens.

Lebensfreude und das Offensein für andere Menschen
kommen aus einem zufriedenen Herzen.
Sitze ruhig da und atme gleichmäßig.
Spüre die Lebenskraft in dir
und öffne langsam dein Herz.
So wird dein Geist klar
und du kommst dem Erwachen näher.
Jeden Morgen werden wir neu geboren,
jeder Tag ist uns ein Geschenk.
Es kommt darauf an,
was wir aus diesem Geschenk machen.

Nach: Digha Nikaya II, 104

Impulse

Die Ziele des guten Lebens erkennen wir intuitiv. Doch es ist sehr schwierig, sie auch nur annähernd zu erreichen. Wir können uns einüben, mit uns selbst und mit unserer kleinen Lebenswelt zufrieden zu werden.

In der Meditation sitzen wir ruhig da. Wir spüren den Atem und wir lassen unsere Lebensenergie strömen. Dabei spüren wir auch unsere inneren Bedürfnisse und Wünsche, unsere stillen Sehnsüchte.

Und wir achten auf unsere Mitmenschen, was diese von uns brauchen. Das sind die kleinen Schritte, um dem Mitgefühl mit anderen näher zu kommen. Jeder Mitmensch ist uns ein Geschenk, auch wenn er uns schwer fällt.

Und jeden Tag können wir gestalten, keine Zeit muß banal und leer verlaufen. In uns sind viele kreative Kräfte, wir können unsere Lebenszeit formen. Vor allem, wir können uns in der Nächstenliebe üben, Tag für Tag, dann haben wir keine Langeweile.

Wie die Schlange regelmäßig ihre Haut abstreift,
so müssen auch wir ständig viele Vorurteile aus der Vergangenheit ablegen.
Wir müssen uns lösen von falschen Einstellungen und Begierden.
Unser Leben wird durch Wandel und Veränderung geprägt,
wir müssen uns ständig an neue Situationen anpassen.
So lernen wir die Freiheit und das Glück des Lebens.

Nach: Digha Nikaya II, 97

Impulse

Woher kommen unsere falschen Vorurteile über andere, die nicht stimmen? Oft kommen sie aus unseren Ängsten oder aus Gefühlen der Minderwertigkeit. Wir können sie aber verändern.

Wir alle erleben Begierden, und wir prägen unsere Einstellungen zu den Mitmenschen. Manche dieser Einstellungen stören unser Zusammenleben. So müssen wir sie verändern, wenn unsere Beziehungen gelingen sollen.

Durch neue Begegnungen mit Mitmenschen setzen wir uns den Veränderungen aus. Wir können es üben, innerlich beweglich zu sein, um auf andere Menschen offen und mitfühlend zugehen zu können.

Es gehört zur Kunst des gelingenden Lebens, den Menschen um uns offen begegnen zu können, uns mit ihnen auszutauschen. Denn wir haben tiefe Sehnsucht nach Kommunikation, vor allem aber Sehnsucht nach Liebe und Zuwendung.

Unser Leben ist voll von Verlusten und Niederlagen.
Lernen wir rechtzeitig, Dinge loszulassen,
an denen wir hängen.
Dann begreifen wir den Wandel,
dem wir ausgesetzt sind.
Nützen wir die Zeit,
um aus jeder Situation Gutes zu machen.
Tun wir die Tätigkeiten ohne Hektik,
aber mit innerer Ruhe.

Digha Nikaya II, 34

Impulse

Wir sind im Leben nicht nur die stolzen Sieger und Gewinner, denn wir stoßen immer auf unsere Grenzen. Wir sind immer auch die Verlierer, die Unterlegenen. Und wir müssen lernen, damit umzugehen.

Auch Verluste und Niederlagen werfen uns nicht um, sie zeigen nur unsere Grenzen. Sie zeigen uns den Wandel des Lebens und die innere Dynamik des Daseins. Sie fordern uns zum Lernen heraus.

Niederlagen können uns zur Veränderung von Einstellungen zwingen. Wir müssen lernen, anders mit unseren Begabungen umzugehen. Wo liegen die Fehler unseres Verhaltens, und wo liegen die Chancen?

Wir sollten die Gegenwart ruhig und gelassen erleben, von der allgemeinen Hektik sollen wir uns nicht hinreißen lassen. Denn wir haben viel Zeit, unser Leben zu gestalten. Niemand jagt uns. Wir können unsere Lebensgeschwindigkeit verlangsamen, mit gutem Gewissen. Beginnen wir gleich heute.

Im Strom des Daseins

Sei voll gegenwärtig, wenn du gehst,
wenn du sprichst, wenn du ißt.
Erlebe alles bewußt, was dir im Alltag begegnet,
denn sonst gehst du an wichtigen Erfahrungen vorbei.
Wenn du den guten Weg siehst, aber nicht gehst,
dann bist du wie ein Löffel im Suppentopf,
der den Wohlgeschmack der Suppe nicht kosten kann.

Nach: Jack Kornfield 34

Impulse

Wir können uns darin üben, die Gegenwart bewußt und intensiv zu erleben. Wir müssen nicht schon auf morgen schauen, wenn wir heute leben. Und wir müssen nicht mehr am Gestern hängen.

Viele Dinge vollziehen wir unbewußt. Wir atmen, wir schlukken, wir verdauen. Doch manche Lebensvollzüge sollten wir uns bewußt machen. Vor allem den Umgang mit anderen Menschen sollten wir bewußt gestalten.

Wir müssen nicht beiläufig leben, wir müssen nichts überstürzt tun. Und wir müssen vor niemandem davonlaufen. Wir haben Zeit, das Leben geschehen zu lassen, und in die Tiefe zu gehen und aus der Tiefe zu leben.

So können wir den Weg zum guten Leben einüben, jeden Tag ein Stück mehr. Darin besteht die Faszination des Alltags. In uns wächst die Begeisterung für das Schöne, für das Weiche und das Zärtliche. Wir können unsere besten Kräfte entfalten, einer am anderen sind wir im Werden.

Behandle deine Mitmenschen voll Respekt und gerecht.
Auf Dauer werden dich die anderen so behandeln,
wie du mit ihnen umgehst.
Die ganze Welt gleicht einem gewaltigen Strom,
alle Lebewesen sind in diesem Strom.
Alles verändert sich, wir können nicht zweimal in
denselben Fluß steigen.

Nach: Jack Kornfield 56

Impulse

Der Umgang mit manchen Mitmenschen fällt uns schwer. Manche sind uns in ihren Einstellungen oder Verhaltensweisen zutiefst zuwider. Auf einige reagieren wir mit Ablehnung und Antipathie.

Wie können wir damit umgehen? Wir sollten dennoch Respekt für jeden Menschen in seiner Eigenart aufbringen. Vielleicht können wir dann verstehen, warum einer feindlich und abweisend geworden ist.

Wenn wir Mitmenschen in ihrer Lebensgeschichte verstehen, dann fällt es uns leichter, mit ihnen Mitgefühl zu entwickeln. Doch wir müssen uns vor feindlichen Menschen auch schützen, wir sollen uns nicht verletzen lassen.

Jeder Augenblick ist einmalig, Zeit ist nicht wiederholbar. Was uns bleibt, sind Ähnlichkeiten zwischen den einzelnen Erfahrungen. Wir müssen lernen, uns den Veränderungen anzupassen. Dies gehört zur Dynamik des Lebens, zur Faszination des Daseins.

Stelle dir vor,
daß auch die Menschen um dich herum erleuchtet sind.
Vielleicht sind sie es mehr als du.
Dann werden sie deine Lehrer sein.
Sie werden dir zeigen, was für dich gut ist.
So helfen wir einander,
Geduld und Mitgefühl zu lernen.
So schreiten wir gemeinsam fort auf dem Weg zur
Weisheit und zur Erleuchtung.
Keine Begegnung ist zufällig oder umsonst,
wir können aus jeder etwas lernen.

Nach: Jack Kornfield 42

Impulse

Wie sollen wir mit Menschen umgehen, die uns schwer fallen? Wie sollen wir mit Gegnern, mit Konkurrenten, mit Feinden umgehen? Es ist denkbar, daß auch sie auf dem Weg der Erleuchtung sind.

Die uns schwer fallen, sind vielleicht unsere besten Lehrer der Geduld und des Mitgefühls. An ihnen sehen wir, was uns zuwider ist. Vielleicht ist es ein Stück von uns selber, das wir verdrängen?

Wir können auch mit Gegnern Mitgefühl lernen. Sie zwingen uns, unsere eigenen Einstellungen und Handlungsweisen kritisch zu überdenken. Sie sind eine Herausforderung, um neue Lernschritte zu beginnen.

An den Menschen, die uns zuwider sind, lernen wir Geduld. Und wir erkennen unsere eigenen Grenzen. Doch indem wir offen auf sie zugehen, geben wir ihnen die Chance, sich zu verändern.

Am Ende kommt es darauf an,
wie rückhaltslos wir gelebt haben.
Es bleibt dann die Frage:
Was habe ich von mir hergegeben?
Wie gründlich habe ich das Loslassen
der Dinge gelernt?
Zum Frieden in der Welt können wir nur beitragen,
indem wir beginnen,
unser kleines Leben friedvoll zu ordnen.

Nach: Jack Kornfield 57

Impulse

Was macht den bleibenden Wert eines Lebens aus, wenn es zu Ende kommt? Die Meinungen darüber gehen auseinander. Viele setzen auf große Leistungen oder auf Anhäufung von Besitz. Doch es gibt innere Werte, die unter den Weiterlebenden lange Zeit bleiben. Das sind die sozialen Werte der Liebe, des Mitgefühls, der Nächstenhilfe. Ihre Spuren bleiben noch lange nach dem Tod eines Menschen.

Wenn es uns gelingt, daß wir uns für andere einsetzen, dann tragen wir dazu bei, daß unsere Welt friedvoller und freundlicher wird. Denn es sind die sozialen Lebenswerte, die unsere Welt lebenswert machen.

Wir können unsere zwischenmenschlichen Beziehungen jederzeit verbessern, solange wir leben. Wir können einander Geborgenheit schenken, sie ist das Wunder des gelingenden Lebens.

Wie ein starker Baum

Wir hören Lob und Tadel, wir erleben Lust und Leiden.
Doch sie kommen und gehen wie der Wind.
Wir sollten lernen,
wie ein starker Baum zu stehen und in sich zu ruhen.
Wenn wir nicht mehr hin und her gerissen werden,
beginnen wir, das Glück zu ahnen.
Wer liebevoll und mitfühlend mit anderen gelebt hat,
muß den Tod nicht fürchten.

Jataka I, 37

Impulse

Unsere Tage sind voll mit Erfolgen und mit Versagen, mit Gewinnen und Verlusten. Siege und Niederlagen prägen unser Leben, dies ist die Dynamik unseres Daseins, wir können es kaum verändern.

Nun sind die meisten Wechselfälle des Lebens kurzzeitig. Wir erleben Lustvolles, und wir erleben Schmerzliches. Es gibt Zeiten, wo das kleine Glück überwiegt. Und dann gibt es Situationen, die uns schwer zu Boden drücken.

Ein ideeller Zielwert ist es, wie ein Baum zu stehen, tief verwurzelt und in sich ruhend. Nicht mehr hin und her gerissen werden von den Wechselfällen des Alltags. Doch wie kann das erreicht werden?

Wenn wir mit anderen Menschen Mitleid und Mitgefühl entfalten, wenn wir uns nicht nur mit uns selbst beschäftigen, dann kommen wir diesem Gleichgewicht sehr nahe. Doch das Glück des Egoisten ist immer kurzlebig.

Was von unserem Leben bleibt,
sind unsere guten Taten,
das sind unsere liebevollen Beziehungen.
Weder Feuer noch Wind, weder Geburt noch Tod
können diese Beziehungen zerstören.
Über unsere inneren Einstellungen können
wir selber bestimmen.
Wenn wir das begreifen, werden wir die Furcht vor
Mitmenschen aufgeben.
Wir müssen uns nicht von anderen beherrschen lassen.

Nach: Jataka I, 42

Impulse

Gewiß bleiben von unserem Leben auch Häuser, die wir gebaut haben. Es bleiben Firmen und Unternehmen, die wir gegründet haben. Es bleiben Besitzwerte, auch wenn wir sie an andere Menschen vererben.

Doch stärker in der Wirksamkeit auf die Mitmenschen sind vermutlich unsere guten Taten, unsere liebevollen Beziehungen. Dann bleibt die Frage, ob wir ein wenig mehr an Mitgefühl und Wärme in unsere Welt gebracht haben.

Wir können mit Recht daran glauben, daß die Spuren unserer guten Beziehungen zu den Mitmenschen über den Tod hinaus Bestand haben. Denn Liebe verändert nachhaltig die Lebenswelt, in der Menschen leben.

Können wir die Angst vor Mitmenschen verringern, wenn sie uns bedrückt? Auf alle Fälle können wir zu allen eine positive und mitfühlende Einstellung gewinnen. Keiner von uns muß isoliert von anderen leben.

Lebensangst kommt aus einer Vorahnung von etwas,
das noch nicht eingetreten ist.
Wenn wir das Befürchtete annehmen können,
dann wird unsere Lebensangst geringer.
Wir sind von unserem Ursprung getrennt,
deswegen haben wir Angst.
Wenn wir begreifen,
daß wir mit allen Wesen verbunden sind,
verlieren wir unsere Angst.

Jataka I, 97

Impulse
Viele werden heute von subtiler Angst geplagt. Es ist die Angst vor einer unheilbaren Krankheit oder vor dem frühen Tod, vor einer atomaren Katastrophe, vor der allgemeinen Zerstörung der Natur.
Können wir uns das Befürchtete vorstellen? Können wir es ansehen und ihm ein Gesicht geben? Was könnte uns im schlimmsten Fall geschehen, wenn das Befürchtete eintritt? Wovor im Leben habe ich am meisten Angst?
Buddhisten versuchen, ihre Lebensangst ständig zu verringern, ja zu überwinden. Denn sie lernen es, viele Dinge loszulassen, an denen sie hängen. Und sie beziehen ihr Leben auf den göttlichen Ursprung.
Wer auf einem göttlichen Urgrund aufruhen kann, für den gibt es keine letzte Katastrophe. Denn der kann sein Schicksal annehmen, wie hart es auch sein mag. Wer der Erlösung näher kommt, kann sein Leben geschehen lassen, wie es kommt.

Es gibt Lebenswege der Angst
und es gibt Lebenswege der Liebe.
Wir können wählen, welchem Weg wir folgen wollen.
Jedes Leben hat sein Maß an Leiden und an Trauer,
das können wir nicht ändern.
Doch manchmal kann auch das Leiden uns
dem Erwachen und der Erleuchtung näher bringen.
Lernen wir, das Leiden anzunehmen
und ihm einen Sinn zu geben.

Jataka I, 53

Impulse

Ist Liebe tatsächlich ein Weg, um Lebensangst zu vermindern? In vielen Situationen ist es so. Denn wenn wir uns umeinander kümmern, wenn wir uns füreinander einsetzen, dann haben wir kaum Zeit, Angst zu haben.

Es ist möglich und wahrscheinlich, daß Egozentriker ungleich mehr Angst haben um ihre Güter und Besitzwerte, als es bei liebenden Menschen der Fall ist. Doch niemand muß als Egoist leben.

Das Leiden trifft jeden Menschen hart, es überfällt uns. Doch es kann uns auch zur Umkehr bewegen, zur Änderung eines falschen Lebensstiles. Dann kann es einen positiven Sinn bekommen, es kann uns zum Lernen zwingen.

Dies ist die Kunst des guten und gelingenden Lebens, daß wir das Leiden annehmen können, wenn es uns trifft. Wir können es verwandeln, indem wir ihm einen Sinn geben. Nichts ist Zufall, was in unserem Leben geschieht.

Verwurzelung in der Tiefe

Innere Stärke und soziale Gerechtigkeit kommen aus
einem unerschütterlichen Herzen.
Suchen wir eine tiefe Verwurzelung,
damit wir unsere Mitmenschen lieben können.
Innere Ruhe und Mitgefühl mit anderen sind die
kostbarsten Gaben des Lebens.
Sorgen wir dafür,
daß wir sie nicht durch die Gier nach Besitz
oder durch den Rausch der Sinne verlieren.

Nach: Suttanipada 24

Impulse

In der westlichen Kultur leiden viele Menschen daran, daß sie ihre innere Verwurzelung verloren haben. Bisherige Sinngebungen sind zerflossen, und neue Orientierungen sind noch nicht gefunden. So leben viele ruhelos und hektisch.

Sie sind auf der Suche nach intensiven Erlebnissen, nach aufregenden Gefühlen. Eine ganze Freizeitindustrie hat sich der Befriedigung dieser Bedürfnisse verschrieben. Und sie lebt gut davon.

Zu viele geben sich dem Rausch der Sinne hin, sie suchen die Extremzustände der Seele. Sie stürzen sich in Drogen, in Alkohol, in exzessive Sexualität. Die gefährlichen Folgen ihres Tuns können sie kaum sehen.

Wie können wir die verlorene Verwurzelung wieder gewinnen? Wir können uns für Mitmenschen verantwortlich fühlen, wir können Armen und Schwachen helfen. Dann bekommt unser leeres Leben sehr schnell einen konkreten Sinn.

Wenn wir anderen vergeben können,
dann kommt das auch uns selbst zugute.
Denn dann befreien wir uns von der Last des Grolles,
des Zornes und der Rache.
Wir müssen nicht neues Unrecht erdulden.
Doch wir können lernen, altes Unrecht,
das wir erlitten haben, zu vergeben.
Denn wir können aus Fehlern lernen,
wenn wir sie erkennen.

Nach: Suttanipada 32

Impulse

Warum fällt es uns so schwer, anderen Menschen zu vergeben? Warum müssen wir anderen ihre Fehler so lange nachtragen? Und warum können wir uns oft selbst nicht vergeben, wenn wir etwas falsch gemacht haben?

Der Reflex der Rache dürfte in unserem biologischen Erbe gespeichert sein. Dies können wir auch bei den höheren Tieren erkennen, wenn sie ihr Leben verteidigen. Dies gehört zur Geschichte unserer Natur.

Doch wir Menschen können diesen Reflex kultivieren, wir können vernünftige Lösungen nach Verletzungen suchen. Wir müssen uns nicht mehr automatisch für Verletzungen rächen, wir können anders damit umgehen.

Viele Menschen haben uns das vorgelebt, darauf baut unsere ganze Kultur auf. Wir können darum ringen, daß wir einander vergeben, daß wir uns mit den Gegnern versöhnen. Wir müssen nicht hassen ein Leben lang, wir können Böses mit Gutem vergelten. Auch dies ist ein Wunder des Lebens.

Den Atem der Luft tauschen wir mit den Regenwäldern.
Wir trinken dasselbe Wasser, das in den Ozean fließt.
Wasser und Luft sind Bestandteile unseres Lebens.
Und wir sind ein Bestandteil der ganzen Welt.
Wir erkennen, daß wir voneinander abhängen,
daß wir miteinander verwandt sind.
Dann werden wir sorgsam mit der ganzen Natur
umgehen, wir sind ein Teil von ihr.

Nach: Suttanipada 48

Impulse

Es sind die kleinen Dinge des Lebens, die wir in ihren großen Zusammenhängen beachten sollten. Denn woher kommt die reine Luft, die wir zum Atmen brauchen? Und woher stammt das Wasser, das wir trinken?

Jeder von uns ist ein Bestandteil der großen Welt, keiner lebt isoliert auf einer Insel der Seligen. Wir hängen weltweit miteinander zusammen, wir sind in unsere Mitnatur hinein verwoben.

Wenn wir dies erkennen, werden wir sorgsamer umgehen mit der Natur, aber auch mit den Menschen, die uns umgeben. Denn jedes Lebewesen möchte sein Leben entfalten können. Jeder Mensch möchte glücklich leben, möchte lieben und geliebt werden.

So ist es sinnvoll, daß wir uns gegenseitig unterstützen, daß wir Leben schützen und bewahren, daß wir sorgsam und liebevoll mit unserer Mitwelt umgehen. Wir können dies lernen, wir können uns darin üben. Doch wir brauchen dafür eine starke Motivation.

Rosen und Lotusblumen verwelken
und werden zu Dünger.
Sie geben Nahrung für das Wachstum neuer Blumen.
Dies ist der Kreislauf unseres Lebens.
In Konfliktsituationen müssen wir nicht streiten
und zornig sein.
Denken wir, wie der Buddha unsere Konflikte
gelöst hätte.
Dann werden wir ruhig, und wir versuchen,
ihn nachzuahmen.

Nach: Suttanipada 52

Impulse

Wir haben viel Freude an Blumen und Blüten, sie sind uns ein Symbol unseres eigenen Lebens. Sie bereichern unser Dasein, wir können uns mit ihnen vergleichen. Denn auch wir wollen blühen und wachsen.

Nun will sich jedes Menschenleben entfalten, nicht nur wir selbst. Und wir sollten unsere Mitmenschen dabei unterstützen, daß auch sie ihr Leben entfalten können, ja daß auch sie blühen können.

Dann werden auch sie uns unterstützen, daß wir leben und blühen können. Wir haben oft unterschiedliche Interessen, daraus entstehen Konflikte. Doch wir können es lernen, Konflikte fair und vernünftig zu lösen.

Wir müssen also immer auch an die Bedürfnisse und Wünsche unserer Mitmenschen denken, wenn es zu Konflikten kommt. Es geht immer auch darum, diese Bedürfnisse zu erfüllen. Denn keiner von uns soll auf Kosten anderer Menschen leben und nur sein Glück suchen. Wir sind einander niemals nur Mittel zum Zweck.

Die Welt der Wandlungen

Besitzen wir unseren Körper, unsere Kinder,
unseren Lebenspartner, unser Haus?
Nein, sie sind uns nur eine kurze Zeitspanne
anvertraut,
um sorgsam und liebevoll mit ihnen umzugehen.
Mit einem gütigen Herzen können wir sogar
den Zorn überwinden.
Die Wut kann uns plötzlich überfallen,
aber das Mitgefühl mit anderen sollte stärker sein.
Wir müssen nicht hassen, wir können lieben.
Dies ist der Ausweg.

Nach: Udana 17

Impulse

Wir haben uns daran gewöhnt, etwas zu besitzen. Wörtlich genommen sitzen wir auf Gütern, auf Häusern, auf Autos, auf Wertpapieren. Auf einem Stuhl sitzend wurden in frühen Kulturen Besitzrechte übernommen.

Aber können wir unser Leben oder Mitmenschen wie Sachgüter besitzen? Können wir wirklich beliebig über unseren Körper, über unsere Gesundheit verfügen? Ist es sinnvoll, das Leben wie ein Ding anzusehen?

Die Dinge des Lebens und die Mitmenschen werden uns geschenkt, nur für kurze Zeit. So ist es sinnvoll, liebevoll und sorgsam mit ihnen umzugehen. Sie begleiten uns durch das Leben.

Wir alle können lernen, den Zorn und den Haß loszulassen, wenn sie uns überfallen. Wir sind fähig, mit anderen zu fühlen und sie zu lieben. Dies ist die große Weisheit des Buddha, auch für uns heute.

Was wir lange vernachlässigt haben,
können wir nicht plötzlich wiederherstellen.
Denn alles Lebendige braucht seine Zeit zum Wachsen.
Die Früchte fallen erst von den Bäumen,
wenn sie reif sind.
So hat alles seine Zeit, den Gang der Dinge können wir nicht beschleunigen.
Aber wir können darauf achten,
wann es Zeit ist für Veränderungen.

Nach: Udana 37

Impulse

Wir haben es fast immer eilig, unsere Lebensgeschwindigkeit nimmt stark zu. Elektronische Zeitmessungen begleiten uns, wir müssen pünktlich sein. Und wir wollen nichts im Leben versäumen.

Wir sind erstaunt, wenn Kinder oder alte Menschen nicht in diese Lebensgeschwindigkeit hineinpassen. Intuitiv spüren wir, daß die allgemeine Hektik des Lebens unserer Gesundheit nicht gut tut. Aber können wir es ändern?

Von den Pflanzen und den Tieren können wir lernen, daß alles im Leben seine Zeit hat. Auch aus den Kinderaugen können wir erkennen, daß wir inneres Wachstum nicht beschleunigen können.

Hie und da sollten wir uns Zeit nehmen für die Langsamkeit und die Stille, für die leisen Töne der Ruhe, für die Spur des Lebendigen. Es könnte sein, daß wir dann unser Leben besser verstehen und daß wir intensiver zu leben beginnen.

In einer Welt der Wandlungen und der Veränderungen
gibt es keine Vollkommenheit.
Alles ist im Werden, kein Mitmensch ist perfekt.
Wenn wir das erkennen,
werden wir niemanden überfordern.
Beginne in kleinen Schritten,
deine Liebe zu vervollkommnen.
Wir kennen die Richtung, den Weg und das Ziel.

Nach: Udana 51

Impulse

Viele Menschen streben heute nach Perfektion, gemäß den Maßstäben der Zeit. Sie lassen sich die Trends von anderen vorgeben und folgen ihnen willig, um modern zu sein. Doch leben sie gut damit?

Vollkommenheit kann es in einem Leben nicht geben, denn alles Lebendige ist fragmentarisch. Es holt nie alle seine Möglichkeiten ein. Leben bedeutet Verwandlung und Werden.

Doch auch der hektische und der egozentrische Mensch hat eine Chance, seinen Lebensstil zu verändern. Zunächst muß er lernen, seine inneren Einstellungen und Prioritäten zu ändern, sein Herz zu weiten.

Niemand muß bei seinen Lebensdefiziten bleiben, wir alle können uns weiterentwickeln. Doch Lernen im Leben geschieht nur in kleinen Schritten. Gemeinsam sind wir im Werden, einer am anderen üben wir die Kunst der Liebe.

Die einfachen Dinge des Lebens bringen uns mehr
Glück als die wirren Verflechtungen.
Denn unser Leben ist von seinem Ursprung her einfach.
Der größte Schatz des Lebens ist ein liebevolles Herz,
es schützt uns vor bösen Strebungen.
Schützen wir uns selbst,
dann beschützen wir auch andere Menschen.

Nach: Udana 12

Impulse
Wir leben in komplexen Zusammenhängen, und wir erforschen sie immer besser. Damit werden wir uns der Beziehungen immer mehr bewußt, in denen wir unser Leben gestalten. Wir erkennen unsere Lebenswelten besser als es bisher der Fall war.
Doch die Grundvollzüge des Lebens bleiben trotzdem einfach, denn unsere Grundbedürfnisse sind überschaubar. Wir müssen ständig Komplexität reduzieren, wenn wir überleben wollen.
In der Meditation und in der Stille können wir die einfachen Dinge und Bedürfnisse des Lebens wieder lernen. Dazu gehört ein mitfühlendes Herz, das die Urbedürfnisse des Lebens zu spüren vermag, auch bei den Mitmenschen.
Intuitiv erfassen wir, was wir zum Leben brauchen. Und wir spüren auch, was die Mitmenschen zu einem gelingenden Leben benötigen. Wir erkennen, was wir selber zu einem guten Leben für uns und für andere tun können. Wir sollten es tun.

Mitgefühl mit anderen

Wenn wir großzügig mit den Mitmenschen umgehen,
dann erleben wir Freude.
Und wenn wir den anderen aufrichtig begegnen,
dann wächst unser innerer Friede.
Urteilen wir nicht zu hart über uns selber.
Wir müssen Mitleid und Erbarmen
auch mit uns selber haben.
Erst dann können wir lieben
und mit anderen Mitleid haben.

Nach: Theragatha 197

Impulse
Zumeist müssen wir unseren Mitmenschen einen Vorschuß an Zuwendung und Freundlichkeit geben. Und dann kann es einige Zeit dauern, bis uns auch von ihnen Zuwendung zurückgegeben wird.
Wer innerlich stärker ist, sollte mit der Zuwendung beginnen. Doch woher kommt uns die Kraft zu, dies zu tun? Wir alle haben in unserer Kindheit einen Vorrat an Zuwendung bekommen, die einen mehr, die anderen weniger.
Weil wir selber anfänglich geliebt worden sind, werden wir langsam fähig, Liebe an andere weiterzugeben. Wer wenig geliebt worden ist, tut sich schwer, andere liebevoll anzunehmen. Wir haben nicht dieselben Anfangsbedingungen im Leben.
Doch wir müssen auch lernen, uns selber anzunehmen und unser Leben zu lieben. Erst dann wird es uns gelingen, auf andere Menschen zuzugehen und ihnen die Hände entgegenzustrecken.

Andere Menschen können wir schwer beurteilen,
sogar uns selber können wir schwer richtig bewerten.
Verbringen wir nicht zuviel Zeit auf dem Richterstuhl,
denn jedes Urteil ist vorläufig.
Nehmen wir in schwierigen Zeiten Zuflucht zum
Mitgefühl mit anderen,
dann werden auch sie mit uns fühlen.
Und begegnen wir den Mitmenschen in Ehrlichkeit
und Wahrheit.

Theragatha 93

Impulse

Wir müssen immer Situationen bewerten, in denen wir leben. Und wir müssen uns selber und unsere Mitmenschen bewerten. Erst dadurch gewinnen wir eine Orientierung für unser Leben. Sonst gibt es Beliebigkeit im Verhalten.

Doch dabei müssen wir wissen, daß alle unsere Bewertungen vorläufig sind, daß wir sie ständig korrigieren müssen. Dies gehört zur Lebendigkeit des Daseins, denn wir alle verändern uns ständig.

Wir müssen alte Vorurteile loslassen, um uns gegenseitig so zu sehen, wie wir wirklich sind. Unser Mitgefühl sollte alle unsere Bewertungen übersteigen, denn es gibt unserem Leben einen Sinn und eine Verwurzelung.

Wir können uns den Schmerz der anderen vorstellen, wenn wir selber verletzt wurden. Und wir können die Bedürfnisse der Mitmenschen begreifen, wenn wir selber authentisch leben. Doch wir sollten einander nicht täuschen, dies ist der Anfang des gelingenden Lebens.

Der Regen fällt vom Himmel auf Gerechte
und Ungerechte.
Urteile nicht böse über deine Mitmenschen.
Laß auch du deine Güte
und dein Mitgefühl auf alle regnen.
Du bist reich beschenkt worden,
also sollst du auch andere reich beschenken.
Im Grund wollen alle Menschen verstanden
und angenommen werden.
Das ist alles, aber das ist sehr viel.

Nach: Theragatha 17

Impulse

Es gibt Gerechte und es gibt Übeltäter in unserer nächsten Umwelt, das können wir nicht ändern. Und wir selber tun einmal Gutes, und dann wiederum tun wir Böses. Und trotzdem bleiben wir lernfähige Menschen.

Wir müssen zwischen Recht und Unrecht klar unterscheiden, sonst ist uns kein Zusammenleben möglich. Wir müssen das Böse benennen, wir dürfen es nicht schweigend hinnehmen. Sonst zerstören wir unsere Lebensgrundlage.

Mit einer postmodernen Beliebigkeit kommen wir nicht weiter, wenn wir in Frieden miteinander leben wollen. Wir müssen Übeltäter zur Umkehr und zum Umdenken bewegen. Und wir müssen selber unsere Fehler korrigieren.

Doch wir sollen einander nicht abwerten und verurteilen, sondern einander helfen, das Gute zu erkennen und es zu tun. Dafür brauchen wir alle ein gutes Selbstwertgefühl. Jeder Mensch hat seinen Wert, denn jeder ist zur Liebe fähig.

Wenn wir das Wunder einer Blume klar erkennen,
dann verändert sich unser Leben.
Wenn wir die Wunder der Schöpfung sehen
und über sie staunen können,
wie können wir dann unsere Mitmenschen hassen?
Die Wunder des Lebens sind ungleich größer
als der Haß, der Neid, die Lüge.
Lassen wir ab von allen Einstellungen,
die dem Leben feindlich sind.

Theragatha 25

Impulse

Unser kleines Leben ist voller Wunder, wenn wir es mit den Augen von Kindern sehen können. Doch das Leben wird banal und selbstverständlich, wenn wir mit den Augen von Technokraten an es herangehen.

Es sind unsere inneren Einstellungen, die unsere Weltsicht prägen. Wenn wir über die Wunder des Lebens staunen können, dann werden wir keine Mitmenschen hassen. Denn auch in ihnen sind die Wunder des Lebens.

Die staunenden Augen machen uns demütig und mitfühlend mit andern. Auch Menschen, die uns schwer fallen oder zuwider sind, haben ihre Lebensgeschichte, die voller Wunder ist.

Wir alle haben teil an den Wundern des Lebens. Und wir können unsere lebensfeindlichen Einstellungen verändern. Denn wir haben die Erlaubnis, das Leben zu entfalten und für die Wunder des Daseins zu danken.

Der Weg zur Erleuchtung

Kein Feuer brennt so stark,
wie unsere Gier nach Besitz und Lust.
Kein Brand ist so verheerend,
wie der Haß sich unter den Menschen ausbreitet
und unzählige Opfer fordert.
Karma bedeutet, daß alles in unserem Leben Folgen hat.
Mit keiner bösen Tat kommen wir ungestraft davon.
Jede gute Tat aber erzeugt Glück und Gnade.

Anguttura Nikaya 48

Impulse

Die Gier nach Besitz und Reichtum hat unter uns zugenommen. Und es sind die Reichen und Wohlhabenden, die uns eine immer schönere Welt vorspielen. Doch ihre Augen sind oft so leer und kalt.

Die Wirtschaft braucht die Werbung für immer mehr Konsum. Doch die Werbung spielt uns Traumwelten vor, die nie ganz zu erreichen sind. Damit aber halten wir uns immer unzufrieden und ungesättigt.

Nun sollten wir nicht die Regeln der Wirtschaft auf unser persönliches Leben übertragen. Es ist an der Zeit, daß wir unterscheiden lernen zwischen unseren echten und unseren künstlichen Bedürfnissen.

Zum Lebensglück gehört weit mehr, als wirtschaftlicher Erfolg. Wer dieses Glück sucht, muß sich auf innere Werte einlassen. Wir sollten die Oberfläche von der Tiefe unseres Lebens unterscheiden lernen.

In der Natur lebt alles vom fremden Leben.
Die großen Lebewesen fressen die kleinen,
die Tiere fressen die Pflanzen.
Ist Fressen und Gefressenwerden
die Regel in der Natur?
Erst wenn wir dies klar sehen,
erkennen wir den Ausweg durch das Mitgefühl
und die Liebe.
Wir müssen einander nicht auffressen,
wir können einander nähren und beschützen.

Nach: Anguttura Nikaya 17

Impulse

Es ist tatsächlich ein weit verbreitetes Phänomen der Biologie, daß die großen Lebewesen die kleinen auffressen. Diese dienen jenen als Nahrungskette, wie die Biologen beschönigend und wertfrei sagen.

Doch muß diese Regel auch unter uns Menschen gelten? Oder können wir die Regeln der Biologie durch Kultur überhöhen? Wir können es, das zeigt unsere ganze kulturelle Entwicklung. Wir Menschen müssen einander nicht zerstören, in uns ist die tiefe Fähigkeit zu Liebe und Mitgefühl. Ursprünglich kommt sie wohl aus dem Instinkt der Brutpflege, wie die Biologen uns nahelegen.

Wir Menschen können und müssen zusammenarbeiten, um gemeinsam zu überleben. Darauf baut unsere Kultur, die ist das Wunder des Menschseins. Lassen wir uns nicht von den Biologen täuschen, wir sind liebesfähige Wesen.

Bist du arm an Gütern,
dann suche umso mehr nach innerer Weisheit.
Denn dann wird dein Leben gelingen.
Hast du Reichtümer,
dann verteile viele Güter an die Armen.
Aber strebe ebenfalls nach Weisheit.
Nicht dein Rang in der Gesellschaft bringt dir Segen.
Es ist dein Herz, es ist dein Mitgefühl mit anderen,
das dein Leben reich werden läßt.

Anguttura Nikaya 37

Impulse

Die einen wachsen in einer reichen Familie auf und leben im Überfluß. Die anderen stammen aus armen Verhältnissen und ringen ein Leben lang ums Überleben. So sind die Chancen ungleich verteilt, von Anfang an.

Doch die Weisheit des Lebens ist beiden Gruppen zugänglich. Die Reichen müssen lernen, ihre Güter sinnvoll zu teilen und für andere einzusetzen. Sie haben viele Chancen der tätigen Nächstenliebe.

Die Armen müssen lernen, innere Werte zu verschenken, aus Wenigem Vieles zu machen, den Mitmenschen Zuwendung und Dank zu zeigen. Ihre Lebensweisheit besteht im Augenmaß und in der Kunst der Beschränkung.

Es müssen die Reichen nicht arm werden, und die Armen müssen nicht reich werden. Vielmehr sollen alle sich gegenseitig unterstützen, ihr Leben zu entfalten und menschenwürdig zu leben.

Wenn du meditierst, dann sitze mit der Würde eines
Königs oder einer Königin.
Denn du bist Teil des göttlichen Kosmos,
das macht deine Würde aus.
Wenn du während des Tages viele Dinge tust,
dann bleibe dir deiner Würde bewußt.
Auf dem Weg zur Erleuchtung werden
alle Menschen gleich,
ob Arme oder Reiche, ob Könige oder Bettler.

Nach: Anguttura Nikaya 105

Impulse

In der Meditation gehen wir in unsere Personmitte, wir werden ruhig, wir ziehen uns aus der Außenwelt zurück. Nun beziehen wir uns auf den Urgrund der Welt, aus dem wir kommen. Dort ruhen wir auf, dort sind wir geborgen.

Nun werden wir uns der Würde unseres Menschseins bewußt, mögen wir arm oder reich sein. Wir sind kein Zufall der Natur, sondern wir sind Teil des kosmischen Geschehens, jeder einzelne.

Nun bringt der Weg der Weisheit allen Menschen dieselbe Würde. Denn wir atmen alle dieselbe Luft, über uns scheint dieselbe Sonne, wir trinken dasselbe Wasser. Wir sind eine große Gemeinschaft im Weltgeschehen.

Vom göttlichen Ursprung her sind alle Menschen gleich wertvoll, ob Frauen oder Männer, ob Schwache oder Mächtige, ob Gesunde oder Kranke. Denken wir an diese gemeinsame Würde, dann wird unser Leben gut gelingen.

Die Mitte der Welt

Laß deinen Geist still werden wie ein Teich im Wald.
Er soll klar werden wie Wasser,
das von den Bergen fließt.
Laß trübes Wasser zur Ruhe kommen,
dann wird es klar werden.
Und laß auch deine schweifenden Gedanken und
Wünsche zur Ruhe kommen.
Denn dann erkennst du, was für dich wichtig ist.
Geh in deine Mitte, denn dann ahnst du,
was die göttliche Mitte der Welt ist.

Digha Nikaya 37

Impulse

Wir sind hektisch unterwegs, wir dürfen nichts versäumen, wir haben unentwegt Termine einzuhalten. Unsere Lebensgeschwindigkeit ist groß geworden, und wir können ihr gar nicht mehr entkommen.

Viele überfordern dabei ihre Lebenskraft, andere verlieren ihre Lebenswurzeln. Deswegen ist es gut für uns, wenn wir von Zeit zu Zeit die Stille suchen, wenn wir unsere Wünsche und Gedanken zur Ruhe kommen lassen.

Denn in der Stille ahnen wir schrittweise, wer wir wirklich sind und was unsere ursprünglichen Bedürfnisse wären. Und wir sehen intuitiv auch unsere Grenzen, die wir nicht überschreiten können.

In der Stille ahnen wir die göttliche Mitte der Welt, den Urgrund alles Seins. Wir beginnen zu verstehen, woher wir kommen und wohin wir gehen. Unser Leben erhält Tiefe, und es leuchtet uns die Helligkeit des Daseins auf. Suchen wir die Stille, in aller Hektik der Zeit.

Wenn dein Geist zur Ruhe kommt,
dann werden deine Entscheidungen klar.
Dann bist du nicht hin und her gerissen
von Wünschen und Erwartungen.
Suche deine Mitte und stehe fest
auf dem Boden der Erde.
Achte auf jeden Augenblick und auf alle Wesen,
die dir begegnen.
So bist du auf dem Weg zur Erleuchtung
und zur Weisheit.

Digha Nikaya 102

Impulse
Mit der Hektik unseres Lebensstiles verdecken wir viele Verletzungen, die wir an unserer Seele mit uns tragen. Und wir verdecken Bedürfnisse, die wir uns nicht erlauben. Wir flüchten immer ein wenig vor uns selber.
Daher ist es wichtig, daß wir regelmäßig eine Zeit der Ruhe und der Stille suchen. Dann können wir unseren verdrängten Erfahrungen nachgehen. Und wir ahnen dann, wovor wir auf der Flucht sind.
Dann können wir uns fragen, ob es sinnvoll ist, zu flüchten. Wir ahnen unsere positiven Möglichkeiten, aber auch die Defizite unseres Lebens. Wir beginnen, uns selbst realistischer zu sehen.
Es ist gut, mit beiden Beinen auf der Erde zu stehen. Dann werden wir von den Ereignissen der Zeit nicht so leicht aus der Bahn geworfen. Und wir können uns den Mitmenschen öffnen, die unsere Zuwendung brauchen. Unser Leben ist Stückwerk.

An manchen Tagen kommen wir uns wie Fremde in dieser Welt vor.
Vieles erscheint uns feindlich und zuwider.
Doch wenn wir unser Herz öffnen,
erkennen wir die Zusammenhänge dieser Welt.
Und wir begreifen Schritt für Schritt,
daß wir hierhergehören.
Wir verstehen, daß wir eine Aufgabe haben in dieser uns so fremden Welt.

Digha Nikaya 28

Impulse

Es gibt viele Menschen, die wie Fremde in dieser Welt leben müssen, die sich nicht zu Hause fühlen können. Sie erleben wenig Geborgenheit, deswegen flüchten sie in berauschende Drogen und in übertriebenen Konsum.
Vielen erscheint diese Welt als feindlich und bedrohlich. Sie fürchten die Zerstörung der Umwelt, sie haben Angst vor konkreten Mitmenschen. Sie fürchten den Krieg und den Haß der Mitmenschen.
Wie können wir den Heimatlosen mehr Geborgenheit geben? Wie können wir Flüchtlinge und Vertriebene bei uns aufnehmen, so daß sie sinnvoll leben können? Wo sind wir selber zu Hause, damit wir anderen Schutz geben können?
Wir alle kommen aus demselben göttlichen Urgrund der Welt, von Natur aus sind wir alle verwandt. Wir können es lernen, füreinander Verantwortung zu übernehmen. Wenn wir einander Geborgenheit geben, schwindet die Fremdheit unter uns.

Das sollen wir regelmäßig und bewußt tun:
einatmen und ausatmen.
Im Atem können wir den Fluß des Lebens
in uns spüren.
Im Atem begegnen wir dem göttlichen Urgrund
und der ewigen Schöpferkraft.
Wenn du das Göttliche erfahren willst,
dann spüre einfach den Wind in deinem Gesicht
und die Sonne auf deiner Haut.

Nach: Digha Nikaya 102

Impulse

Zur Meditation gehört das regelmäßige Atmen. Unser Körper nimmt Sauerstoff auf, dieser kommt in unser Blut und gibt uns Leben. Und wir geben Kohlenstoff an die Luft ab. Wir spüren den Fluß des Lebens in uns.

Können wir uns tragen lassen von diesem inneren Fließen? Können wir uns geborgen fühlen in dieser Welt, die wir spüren und erleben? Können wir das Leben geschehen lassen und uns wie Kinder des Daseins freuen?

Wir begegnen dem göttlichen Urgrund, wenn wir uns der Stille aussetzen. Im Wind und in der Sonne, im Wasser und im Sturm ahnen wir das göttliche Weltgesetz. Und in den Mitmenschen begegnen wir der göttlichen Liebeskraft.

Wir können uns das Göttliche als Person vorstellen, wie ein Mensch, doch unendlich mehr der Liebe fähig. Der liebende Buddha möchte allen Lebewesen seine Gnade zukommen lassen. Wir Menschen sind Werkzeuge der göttlichen Liebe in dieser rauhen Welt. Dies ist unsere Berufung.

Im Zustand des Staunens

Menschen auf dem Weg zur Weisheit leben
im Zustand des Staunens.
Auch die kleinsten Dinge ihrer Welt sind ihnen
nicht selbstverständlich.
Alles hat seinen Sinn, nichts ist bloß Zufall.
Alle Begegnungen sind uns ein Geschenk des Himmels.
Mag eine Begegnung noch so schwierig sein,
wir können aus ihr lernen,
der Weisheit näher zu kommen.

Nach: Har Dayal 17

Impulse
Für viele Zeitgenossen ist das Leben heute banal und gewöhnlich geworden. Sie können sich kaum noch freuen, und sie haben das Staunen verlernt. Sie amüsieren sich intensiv, aber sie langweilen sich dabei zu Tode.
Viele sehen keinen Sinn mehr in diesem Leben, fast alles ist ihnen möglich geworden. Alte Ordnungen haben sie aufgehoben, das Leben ist ihnen beliebig geworden. Sie haben keine festen Ziele und Vorgaben mehr, alles erscheint ihnen belanglos.
Mit dieser Einstellung läßt sich aber nicht gut leben. Doch wir können es lernen, unserem Leben wieder einen Sinn zu geben. Wir haben viele Aufgaben in dieser Welt, die wir nur entdekken und annehmen müssen.
Freilich viele weigern sich, Ziele und Aufgaben anzunehmen. Doch in den Begegnungen mit Menschen können wir lernen, worin die Weisheit des Lebens besteht. Wir können wieder zu staunen beginnen über die kleinen Dinge und Erfahrungen. Dann bekommt unser Leben eine neue Qualität.

Auf vielerlei Weise habe ich anderen Menschen
Schande zugefügt.
Ich habe sie verletzt oder im Stich gelassen.
So bitte ich sie um Vergebung.
Auf vielerlei Weise habe ich mir selber
Schande zugefügt.
Ich habe mich verletzt und abgewertet.
Nun will ich mir selber vergeben.
Mögen wir frei sein von Kummer und Schmerz,
mögen wir im Frieden leben.

Nach: Har Dayal 25

Impulse

Wir alle machen Fehler, wir verletzen andere Wesen und Mitmenschen. Und wir verletzen uns selbst. Denn wir sind begrenzte Wesen, dies gehört zu unseren Daseinsbedingungen. Wir sollten sie annehmen.

Kein Mensch ist ohne Fehler und ohne Defizite. Wer dies glaubt, der täuscht sich fundamental. Aber wir haben die Möglichkeit, unsere Fehler als solche zu erkennen. Und vor allem, wir können aus Fehlern lernen.

Wir können unser Verhalten ändern, wir können um neue Einstellungen ringen. Denn wir müssen nicht bei unseren alten Verletzungen bleiben. Wir können uns gegenseitig um Verzeihung bitten.

Es ist gut, wenn wir lernen, auch uns selber zu vergeben. Denn dann werden wir auch anderen Menschen leichter vergeben können. Und wir werden einander Schutz und Geborgenheit schenken können. Denn wir sind mitfühlende Wesen, die zur Liebe fähig sind.

Wenn andere schlecht von dir sprechen,
oder von der Lehre und der Gemeinschaft,
dann sollst du deswegen keinen Groll
und keinen Kummer hegen.
Denn das würde dir selber schaden.
Du sollst aber falsche Reden der Gegner
entschieden zurückweisen.

Aus: Pali-Kanon, R. Gard, 15f

Impulse

Der Pali-Kanon ist eine Sammlung altbuddhistischer Texte. Es geht darin um die Anweisung zum guten und gelingenden Leben, auf dem Weg zur Erlösung und zur Erleuchtung, in der Nachfolge des großen Buddha.

Es ist schwer, denen nicht zu zürnen, die uns abwerten oder verleumden. Es ist ein langer Lernprozeß, um diesen Gleichmut zu erreichen. Nur in kleinen Schritten können wir das Verzeihen üben.

Doch auch ein Buddhist weist die Lügen und Verleumdungen der Gegner scharf zurück. Denn es geht ihm um die Wahrheit. Er verteidigt sich mit geeigneten Mitteln, aber so, daß er andere dabei nicht verletzt.

Er ist kein Sadist, der Freude hat an den Verletzungen, die er erleidet. Er möchte nicht verletzt werden. Doch deswegen trachtet er, daß auch er niemanden verletzt. Lüge und Verleumdung nützen niemandem im Leben.

Wenn andere rühmend von dir reden,
oder von der Lehre oder der Gemeinschaft,
dann sollt ihr darüber nicht übermäßig erfreut sein.
Denn der Stolz könnte euch schaden.
Stelle die Dinge richtig, wenn andere übertreiben.

Aus: Pali-Kanon, R. Gard 16f

Impulse

Wir alle hören gerne ein Lob von den Mitmenschen, denn es baut unser Selbstwertgefühl auf. Doch viele wollen nur Lob hören, sie können nicht genug davon bekommen. Die Folge ist ein falsches Selbstbild, das sie entwerfen.

Doch es geht darum, daß wir ein realistisches Selbstbild gewinnen. So sollten wir uns vom Lob der Mitmenschen nicht übermäßig beeindrucken lassen. Manches Lob kann uns auch nur vorgespielt sein, das ist schwer zu erkennen.

Immer zeigt das Lob nur die halbe Seite unseres Lebens. Denn wir sind nicht nur gut und wertvoll, in uns sind immer auch viele Defizite und Fehler. Wir sollten auch diese sehen, dann sind wir auf dem Weg der Weisheit.

Wir sollten auch unsere Mitmenschen richtig einschätzen. Dafür müssen wir einander auch mit Kritik begegnen. Denn nur aus den erkannten Fehlern können wir etwas lernen. Täuschung und Selbsttäuschung helfen uns nicht weiter im Leben.

Der Sinn der Toleranz

Man soll nicht nur die eigene Religion ehren
und die anderen Religionen verdammen.
Man soll auch die Religion der anderen ehren.
Dies trägt zum Wachsen der eigenen Religion bei
und leistet den anderen Religionen Dienste.

Edikt des Königs Ashoka, R. Gard 18

Impulse

Der König Ashoka wollte buddhistische Grundsätze in die Politik umsetzen. Er hat uns ein großartiges Dokument der Toleranz hinterlassen, das seiner Zeit und Kultur weit voraus war.

Für ihn ist die Toleranz von fremden Überzeugungen der Grundwert des menschlichen Zusammenlebens. Wir sollen auch fremde Religionen und Überzeugungen schätzen, dann werden wir selber einen Vorteil haben.

Unser eigener Horizont weitet sich und wir können von anderen zu lernen beginnen, wenn wir deren Überzeugungen kennenlernen und achten. Wir schädigen uns selbst, wenn wir zu Fremden untolerant sind.

Diese Vorgaben der menschlichen Kultur wurden nur in kleinen Ansätzen verwirklicht. Wir haben in Europa bis ins 19. Jh. gebraucht, um solche Prinzipien in die Politik umzusetzen. Und es gibt heute noch immer Monopolreligionen, die Toleranz ablehnen.

Wer fremde Religionen verfolgt,
der gräbt der eigenen Religion das Grab,
und er schädigt die fremde Religion.
Wer nur die eigene Religion verherrlicht,
der schädigt sich selbst.
Laßt uns offen auf alle Lehren lauschen.

Edikt des Königs Ashoka, R. Gard 18

Impulse

Der intolerante Mensch schadet sich letztlich selber, denn sein Horizont bleibt eng und er kann von anderen Überzeugungen nicht lernen. Er bleibt stehen und kann sich nicht weiterentwickeln.

Vor allem das Christentum und der Islam sind mit Monopolansprüchen aufgetreten, sie haben unsagbares Leiden geschaffen. Religiöse Fanatiker haben unzählbare Menschen auf grausame Weise in den Tod gebracht.

Heute ist es hoch an der Zeit, daß wir dieses Prinzip der Toleranz in der ganzen Welt verwirklichen. Doch wir sind noch weit davon entfernt, Fundamentalisten in jeder Religion widersetzen sich heftig.

Toleranz hat aber ihre Grenzen dort, wo ein Glaubenssystem lebensfeindlich agiert und zur Zerstörung von Leben auffordert. Sie hat keine Beliebigkeit zur Folge, sondern sie ringt um die Menschenrechte für alle Menschen dieser Erde.

Lang ist die Nacht für den Schlaflosen,
lang ist der Weg für den Müden.
Lang ist der Fluß der Wiedergeburten für den Toren,
der das gute Gesetz der Erleuchtung nicht beachtet.

Dhammapada 61-64

Impulse

Die Leidenden, die keinen Schlaf finden, erleben jede Nacht als unsagbar lang. Und wer müde ist und ohne Kraft, für den ist jeder Weg sehr lang. Ähnlich ist es mit dem törichten Menschen.

Buddhisten glauben an viele Wiedergeburten der Menschenseele, je nach den Taten, die ein Mensch in seinem Leben vollbringt. Sie möchten viel Gutes tun, um bald aus diesem Kreis der Geburten aussteigen zu können.

Für sie ist das Gesetz der Erleuchtung eine Möglichkeit, den Kreis der Geburten abzukürzen. Die Menschen müssen in Mitgefühl zu allen Wesen leben, sie müssen Leiden vermindern und dürfen nicht an den Dingen dieser Welt hängen.

Doch törichte Menschen sehen diese Ziele nicht, sie folgen nicht dem Gesetz der Weisheit. Deswegen müssen sie noch durch viele Leben gehen. Dieser Glaube ist eine starke Motivation für eine mitmenschliche Ethik.

Wenn wir auf unserem Weg keinen treffen,
der besser ist als wir selbst,
oder der uns gleich ist,
dann sollen wir trotzdem entschlossen
auf diesem Weg weitergehen.
Denn mit törichten Menschen zu leben
ist sehr schwierig.

Dhammapada 61–64

Impulse
Was tun törichte Menschen nach buddhistischer Sicht? Sie hängen ihr Herz an die Güter dieser Welt, sie haben kein Mitleid mit den anderen Geschöpfen, sie schädigen und verletzen andere Wesen.
Weise Menschen hingegen streben nach der Erlösung aus der Welt der Leiden. Sie möchten kein Leben schädigen, niemand soll verletzt werden. Sie haben Mitgefühl mit allen Menschen, denen sie begegnen.
Immer begleiten uns weise und törichte Menschen auf unserem Weg. Und wir selber leben einmal weise, und dann wieder töricht. Doch wir kennen den Weg und das Ziel, wir haben klare Vorgaben der Ethik.
Jeder soll entschieden auf seinem Weg weitergehen, auch wenn ihn nur wenige begleiten. Es geht letztlich darum, daß wir Schritt für Schritt unsere Liebesfähigkeit entfalten. Denn dies ist der einzige Weg der Erlösung und der Weisheit, für alle Menschen und zu allen Zeiten.

Wie lange dauert Besitz?

Der Törichte sagt voll Stolz:
„Diese Söhne sind mein, diese Güter gehören mir."
Und er macht sich viele Sorgen um seinen Besitz.
Doch wenn er auf die Dauer kein Selbst hat,
wie kann er dann Söhne und Güter besitzen?

Dhammapada 61-64

Impulse
Für Buddhisten ist das begierige Festhalten an Besitz und Sachgütern ein Lebensdefizit. Denn raffgierige Besitzmenschen sehen nicht die Ziele der Erlösung, sie verweigern den Mitmenschen das nötige Mitgefühl.
Können wir Mitmenschen überhaupt besitzen, wie Herrenmenschen ihre Sklaven besessen haben? Können wir wirklich über Güter und Dinge verfügen, wie wir es möchten? Und was wäre unser persönlicher Gewinn?
Wir sollen erkennen, daß wir über Mitmenschen niemals verfügen können, daß wir sie nie zu Mitteln für unsere Zwecke benutzen sollten. Jedes Menschenleben hat seinen Eigenwert in sich, das sollen wir respektieren.
Einige Buddhisten lehren, daß sich unser inneres Selbst im Kosmos auflöse. Damit wollen sie die Gläubigen motivieren, die Dinge dieser Welt loszulassen und nicht an ihnen zu hängen.

Wenn der Törichte seine Torheit erkennt,
dann ist er schon einem Weisen gleichzusetzen.
Aber wer sich weise wähnt,
der muß achtgeben,
daß er nicht der Torheit nachrennt.
Wie ein Eßlöffel nichts weiß vom guten Geschmack der Speisen,
so weiß auch der Törichte nichts von der göttlichen Weisheit.

Dhammapada 61-64

Impulse

Was also ist töricht, und was ist weise im Leben eines Buddhisten? Töricht ist es, unsere authentischen Bedürfnisse des Lebens nicht zu kennen, und folglich uns selbst und andere Menschen darüber zu täuschen.

Weise hingegen ist es, diese ursprünglichen Bedürfnisse aller Menschen und aller Lebewesen zu erkennen und sie zu befriedigen. Das ursprünglichste aller Bedürfnisse ist es, geliebt und angenommen zu werden.

Wenn der Törichte seine Fehler erkennt, dann ist er bereits auf dem Weg zur Weisheit. Im Grunde sind alle Menschen fähig, ihre Fehler des Lebens zu erkennen und aus ihnen neue Einstellungen zu erlernen.

Der weise Mensch muß immer achten, daß er seine mitfühlende Einstellung zu den Mitmenschen und zu allen Geschöpfen nicht verliert. Nichts ist schwieriger zu leben, als konkrete Nächstenliebe und Nächstenhilfe; dies Tag für Tag neu.

Die Brunnenmeister zwingen das Wasser in die Kanäle,
dann fließt es zu den Feldern.
Die Waffenschmiede biegen die Speere
und Lanzen für den Krieg zurecht.
Die Zimmerleute biegen das Holz für den Hausbau.
So biegen die weisen Menschen ihr eigenes Leben für
die Wahrheit.

Dhammapada 80–82

Impulse

Von unserer menschlichen Natur her sind wir nicht weise, nicht mitfühlend mit anderen, nicht selbstlos. Wir müssen unser biologisches Erbe kultivieren oder zurechtbiegen, um Liebe entfalten zu können.

Doch unser Leben ist nie fertig, wir formen es jeden Tag neu. Durch jede Begegnung mit anderen Menschen erhält unser Leben seine Form und Ausrichtung. Denn wir sind fähig, Mitgefühl und Friedfertigkeit zu lernen.

Intuitiv erkennen wir, was die tiefe Weisheit des Lebens ist und was unsere ursprünglichen Bedürfnisse sind. Es ist das große Wunder des Lebens, daß wir einander diese Bedürfnisse nach Liebe hinreichend befriedigen können.

Wir können Häuser bauen, wir können Waffen schmieden, doch wir können auch unser biologisches Erbe verändern und formen. Wir müssen nicht hassen, nicht zerstören, nicht lügen. Denn wir alle sind zur göttlichen Weisheit fähig, jeder auf seine Weise.

Wie ein Felsen nicht schwankt unter dem Sturm,
so schwanken die weisen Menschen nicht unter dem Tadel und dem Lob.
Wie ein tiefer See klar und still ist,
so wird auch der weise Mensch still,
wenn er die Worte der göttlichen Wahrheit gehört hat.

Dhammapada 80–82

Impulse

Wie lebt der weise gewordene Mensch konkret? Wonach richtet sich der, der die göttliche Weisheit sucht? Er hat einen festen Grund für sein Leben, und er geht auf ein klares Ziel zu.

Sein großes Ziel ist die schrittweise Loslösung vom Leiden, das Lichtwerden des Lebens, die Vermehrung von Mitgefühl und Liebe. Deswegen wird er von Lob oder von Tadel nicht hin und her gerissen.

Auch der Weise weiß um seine Grenzen und Fehler, doch er möchte sich verändern. Er möchte aus seinen Fehlern lernen. Er möchte die Schäden wieder gutmachen, die er angerichtet hat. Denn er möchte niemanden verletzen.

Wer sich dieser göttlichen Weisheit nähert, muß sich anstrengen auf dem Weg des Lebens. Denn er muß ständig um Mitgefühl und Nächstenliebe ringen. Er kann an leidenden Menschen nicht achtlos vorbeigehen. Doch er ist voller Staunen und er ruht in sich selber.

Die Kraft des Rostes

Wer beides lebt,
ein gutes Verhalten zu den Mitmenschen
und die rechte Ansicht über die Urgründe des Lebens,
der ist wirklich weise.
Ein solcher Mensch, ob Frau oder Mann,
geht am Ende seines Lebens ein in die himmlische Welt.

Itivuttaka 27

Impulse

Im Grunde suchen wir alle ein gutes und gelingendes Leben, allerdings auf recht unterschiedliche Weise und mit verschiedenen Lebenszielen. Auch unsere Ausgangslagen für das Glück liegen weit auseinander.

Viele glauben, durch Erfolg im Beruf und durch wirtschaftlichen Reichtum das große Glück zu finden. Doch wenn sie beides erlangt haben, spüren sie, daß dies noch nicht die Erfüllung ihrer ursprünglichen Bedürfnisse ist.

Andere setzen auf gute und gelingende Beziehungen zu den Mitmenschen. Sie leben freundschaftliche Beziehungen und engagieren sich intensiv in eine gute Partnerschaft. Auch sie erleben viele Enttäuschungen und Verletzungen.

Vielleicht brauchen wir beides, etwas wirtschaftlichen Erfolg und genügend soziale Beziehungen, die uns befriedigen können. Es ist aber klüger, auf Personen und Freunde zu setzen, als auf Sachwerten das Glück zu bauen.

Der Bezug zum göttlichen Urgrund des Lebens scheint auch heute nicht unwichtig. Denn er hilft uns, Verwurzelung und Geborgenheit in dieser ausgesetzten Welt zu finden. Auch Religion und Mystik tragen zum Glück des Lebens bei.

Wie der Rost aus dem Eisen aufsteigt
und das Eisen zerstört,
so zerstören böse Taten das Leben des Übeltäters.
Wie Rost ist die Torheit des Menschen,
so ist ihre Untätigkeit und Herzenshärte.
So wird viel Schönheit durch Untätigkeit zerstört.

Dhammapada 240f

Impulse

Rost ist das Ergebnis eines Zersetzungsprozesses, der vor allem das Eisen trifft. Ähnlich zersetzen böse Taten das Lebensglück vieler Menschen. Sie schädigen auch den Täter, nicht nur die Opfer.

Nach außen ist es oft nicht zu erkennen, daß Übeltäter sich selbst schädigen, denn sie stehen oft sehr gut da. Doch sie schädigen ihr Gewissen und ihre inneren Einstellungen, sie verletzen ihre eigene Seele.

Vor allem schädigen die Übeltäter das Leben der Mitmenschen, die sie zu Opfern machen. Denn sie betrügen oder täuschen sie, sie verletzen sie an der Seele und am Körper. Sie sind voller Gewalt gegen andere.

Durch Herzenshärte zerstören sie ihre Sensibilität und ihr Mitgefühl für andere Menschen. Sie mindern ihre Liebesfähigkeit, ihre Seele darbt. Es ist kaum vorstellbar, daß Verbrecher gegen die Menschlichkeit im seelischen Gleichgewicht leben.

Wie Rost wirkt unzüchtiges Verhalten
auf das Leben der Frau.
Wie Rost ist der Geiz des reichen Mannes,
ist die Zerstreutheit der Wächter.
Wie Rost ist der lieblose Streit in der Familie,
ist die Verachtung der Weisheit.
Wie Rost wirkt die ungerechte Verteilung der Güter
in der Welt.

Dhammapada 241

Impulse
Welche sind die Verhaltensweisen, die das gute und glückliche Leben der Menschen stören? Der täuschende Umgang mit den sexuellen Reizen stört die Beziehungen der Geschlechter, bei Frauen und bei Männern.
Der Geiz und die Gier der Reichen lassen viele arme Menschen darben. Sie schaffen unnötiges Leiden, das überwindbar wäre. Denn von Natur her muß niemand Hunger haben.
Wenn die Wächter ihr Amt nicht ernst nehmen, beginnt unter den Menschen die Unsicherheit zu wachsen. Und Streit in den Familien schädigt alle Betroffenen, wenn er nicht fair ausgetragen wird.
Die ungerechte Verteilung der Güter stört das soziale Gleichgewicht. Wir sehen es, aber wir können kaum etwas dagegen unternehmen. Unsere Regeln der Wirtschaft laufen auf ungleiche Verteilung hinaus. Doch wir sind überzeugt, daß dies die bestmöglichen Regeln der Wirtschaft seien. Muß das so bleiben?

Zerstörerischer als der Rost des Eisens
ist die Unwissenheit der Menschen,
ist die Verweigerung des Mitgefühls,
sind die unlauteren Gedanken,
sind die unehrlichen Worte,
sind unsere gegenseitigen Täuschungen.
Um gut und glücklich leben zu können,
müssen wir uns von diesem Rost befreien.

Dhammapada 240–243

Impulse

Was also stört unser mitmenschliches Zusammenleben am meisten? Es ist die bewußte Verweigerung alter Lebensweisheit, die viele unnötige Leiden erzeugt. Wir verletzen uns gegenseitig, doch wir müßten es nicht tun.

Wer den Notleidenden und Armen das Mitgefühl und die tatkräftige Hilfe verweigert, der zerstört viele Hoffnungen und Erwartungen. Er läßt Menschen in ihrem Leiden allein und geht achtlos an ihnen vorüber.

Unsere kleinen Lügen und Täuschungen stören unsere Beziehungen, echte Freundschaft und Nächstenliebe werden dann schwer möglich. Wir können zueinander kein Vertrauen aufbauen, wir fühlen uns ausgesetzt und allein.

Vor allem ist es die verweigerte Liebe, die uns weh tut. Denn wir alle brauchen Liebe und Zuwendung. Und wir können sie einander geben, wir haben die Kraft und die Fähigkeit dazu. Der Rost des Lebens muß sich unter uns nicht verbreiten.

Zwischen Toren und Weisen

Gut ist die Gesellschaft von Menschen,
die nach Weisheit streben.
Lautere und mitfühlende Mitmenschen erfreuen
unser Herz.
Schädlich aber ist der Umgang mit Lügnern
und Verleumdern.
Denn ihre Verletzungen gehen tief,
sie zerstören unser Leben.

Dhammapada 206f

Impulse
Welche sind die Verhaltensweisen, die unser Zusammenleben gut gelingen lassen? Zunächst müssen wir klar hinsehen, was wir tun, wie wir uns verhalten. Welche Folgen hat unser Verhalten für die betroffenen Mitmenschen?
Lebensweisheit besteht darin, daß wir uns richtig einschätzen, daß wir unsere eigenen und die Bedürfnisse unserer Mitmenschen erkennen. Daraus folgt, daß wir tiefes Mitgefühl mit den Schwächeren lernen und einüben.
Wir sind nicht als stolze Herrenmenschen geboren, sondern wir alle haben Fehler und Grenzen. Und wir können aus unseren Fehlern lernen, wenn wir sie erkennen.
So gehört zur Lebensweisheit die Lauterkeit und Ehrlichkeit im Umgang mit den Mitmenschen. Wir haben es nicht nötig, jemanden zu täuschen und uns damit Vorteile zu verschaffen. So sollten wir uns nicht dem Umgang mit unmoralischen und brutalen Menschen aussetzen, denn ihr Verhalten kann leicht auf uns abfärben. Wir sollten den Mut haben, den Übeltätern entgegenzutreten und sie auf ihre Fehler aufmerksam zu machen.

Wer Umgang pflegt mit gewalttätigen Menschen,
wird selber leicht zu Gewalt neigen.
Und wer sich mit Lügnern und Betrügern abgibt,
wird es bald selber mit der Ehrlichkeit
nicht genau nehmen.
Und wer sich mit raffgierigen Menschen umgibt,
wird selber bald nicht genug haben können.

Dhammapada 207f

Impulse

Auch dies sind uralte Erfahrungen und Einsichten, die wir nicht leichtfertig umgehen sollten. Denn mit einer postmodernen Beliebigkeit der Lebensstile kommen wir nicht weiter, sie nützt nur den Stärkeren.

Doch es genügt keineswegs, daß wir den gewalttätigen Menschen um uns nur aus dem Weg gehen. Dann schützen wir zwar uns selbst, aber nicht unsere Mitmenschen. Es geht darum, daß wir Gewaltmenschen offenen Widerstand leisten.

Es genügt auch nicht, den Lügnern und Betrügern auszuweichen. Denn es kann uns nicht gleichgültig sein, was sie anderen Menschen antun. Wir brauchen heute dringlich mehr Solidarität, wenn wir gut zusammenleben wollen.

Auch den raffgierigen Menschen sollten wir Widerstand leisten, denn sie rauben viele Menschen aus und geben noch gute Gründe dafür an. Wir können nicht teilnahmslos zusehen, wie Mitmenschen um uns ausgenutzt und ausgebeutet werden.

Wer aber den Umgang mit den weisen Menschen sucht,
der wird selber ein Suchender.
Und wer sich auf mitfühlende
und liebende Menschen einläßt,
der wird selber ein weicher Mensch werden.
Wer mit anderen das Lebensglück in den kleinen
Dingen sucht,
der wird zufrieden leben können.

Dhammapada 208f

Impulse

Wie werden wir zu liebenden und mitfühlenden Menschen? Wie lernen wir die Weisheit des Lebens, die uns und viele andere Menschen um uns glücklich leben läßt? Diese Fragen bewegen uns auch heute.

Es ist wichtig, daß wir uns auf die Suche begeben. Wir müssen sehen, was unsere authentischen Bedürfnisse sind. Und wir müssen begreifen, daß auch unsere Mitmenschen dieselben Bedürfnisse haben.

Dann können wir darüber nachdenken, wie wir uns gegenseitig diese ursprünglichen Bedürfnisse nach Liebe und Geborgenheit ausreichend befriedigen können. Denn unser Lebensglück besteht in der Erfüllung dieser Sehnsüchte.

Wir wollen jemanden lieben können, und wir wollen von jemandem geliebt werden. Wir wollen für jemanden wichtig sein, und wir möchten auch anderen Geborgenheit geben. Das Glück des Lebens beginnt immer mit den kleinen Dingen, großer Reichtum ist dafür nicht nötig.

Wer den Umgang mit geduldigen Menschen sucht,
wird selber die Geduld erlernen.
Und wer den Mitmenschen mit Respekt begegnet,
dem werden andere viel Wohlwollen entgegenbringen.
Wer die Bescheidenheit übt,
der wird sich bei Freunden sehr geborgen fühlen.

Dhammapada 208f

Impulse

Niemand weiß von Anfang an, wie ein glückliches Leben zu gewinnen sei. Wir sind immer Lernende, jeden Tag. Das ist die Faszination unseres Lebens, daß wir immer neue Dimensionen entdecken dürfen. Leben bedeutet Kreativität.

Wir brauchen Geduld mit den Schwachen, mit den Leidenden, mit den Kindern. Sie ist uns nicht angeboren, wir müssen sie mühsam lernen und einüben. Wir müssen uns in die Schwächeren hineindenken und hineinfühlen.

Wir können es lernen, allen Mitmenschen mit Respekt zu begegnen. Das heißt, wir akzeptieren deren Anderssein und deren Lebensgeschichte. Wir müssen niemanden abwerten oder gar ausnutzen.

Unsere Überheblichkeit stört unser Zusammenleben. Warum wollen wir uns über andere erheben? Warum können wir nicht auf einer Stufe mit ihnen leben? Es geht darum, daß wir unser Selbstwertgefühl stärken, dann müssen wir keinen Mitmenschen abwerten.

Das weite Herz

Wer die Weisheit des Lebens sucht,
dessen Herz wird weich und weit.
Er muß nichts festhalten,
sondern kann alle Dinge loslassen.
Er hat Respekt vor allen Lebewesen
und will niemanden schädigen.
Ihm folgen viele Menschen,
so wie der Mond dem Lauf der Sterne folgt.
So bringt der weise Mensch immerzu Liebe
in unsere Welt.

Dhammapada 208f

Impulse
Wir ahnen die Ziele des guten Lebens und wir spüren intuitiv, wie unser Leben gelingen könnte. Doch wir müssen uns sehr anstrengen, um diese Lebensweisheit zu lernen, die uns gut zusammenleben läßt. Sie fällt uns nicht leicht.
Wie stellen wir es an, daß unser Herz weit wird und daß wir nicht an den Dingen um uns hängen? Wir können jedem Leben mit Respekt begegnen. Und wir können den festen Entschluß fassen, keinen Menschen zu schädigen.
Es könnte unsere einzige Lebensaufgabe sein, etwas mehr Liebe in die Welt zu bringen. Dann hätten wir nicht umsonst gelebt, dann wäre unsere Welt um ein kleines Stück menschlicher geworden.
Liebende versuchen zu heilen, was Hassende verletzt haben. Sie bringen Wärme und Mitgefühl in eine Welt, die heute immer hektischer und immer kälter wird. Denn nur Liebe läßt uns im letzten überleben, trotz unserer Reichtümer an Sachgütern.

Wer sich selber nicht richtig einschätzt,
wird sein Leben zugrunde richten.
Wenn ein Schaf gegen einen Löwen kämpft,
wird es zugrunde gehen.
Denn der Löwe ist von seiner Natur her stärker.
Wenn wir unsere Grenzen erkennen,
dann werden wir uns in der Gefahr
rechtzeitig schützen.
Jedes Leben hat seine Aufgabe und seine Chancen.

Aus: Jataka II, 9–12

Impulse
Auch wir brauchen heute ein realistisches Selbstbild. Denn wir neigen dazu, daß wir uns permanent überschätzen. Die Werbung spielt uns vor, wie gut wir sind und was wir alles können. Und am Ende glauben wir das auch.
Doch unser Leben ist voller Grenzen und Defizite, wir müssen unsere Schwächen rechtzeitig erkennen. Sonst sind wir wie Schafe, die gegen Löwen kämpfen. Und wir merken es gar nicht, daß wir die Schafe sind.
Wir tun uns schwer, unsere Grenzen anzuerkennen. Auch die Wissenschaft spielt uns vor, was wir alles können und wissen werden. Wir sind fasziniert und meinen, schon bald den Himmel der Götter auf der Erde zu haben.
Doch diese Selbsttäuschungen nützen uns nicht zu einem guten und gelingenden Leben. Wir sollen unsere Fähigkeiten realistisch sehen und entfalten, besonders unsere Fähigkeiten der Liebe. Doch wir sollten nicht so tun, als wären uns keine Grenzen gesetzt. Ein Stück Bescheidenheit tut uns allemal gut.

In bösen und harten Zeiten sind mutige Menschen gefragt, Männer und Frauen.
In Entscheidungssituationen sollen wir den weisen Menschen um uns folgen.
Bei Gastmählern scharen wir uns um die heiteren Menschen, die Lebensfreude ausstrahlen.
Doch in der Bedrängnis brauchen wir aufrichtige Menschen.

Udana 68f

Impulse
In unserer postmodernen Zeit sind Mut und Tapferkeit keine hohen Werte. Wo Beliebigkeit großgeschrieben wird, geht es nicht mehr darum, daß Mitmenschen verteidigt werden, wenn sie angegriffen und verletzt werden.
Viele begeben sich heute in die Loge der Zuschauer, sie selber leben gut. Und sie wollen aus gesicherter Position heraus zusehen, wie sich die anderen die Köpfe einschlagen. Das nennen sie Lebensglück.
Doch auch ihre Position in der Zuseherloge ist nicht so gesichert, wie sie glauben. Wir brauchen weiterhin Mut und Tapferkeit, um den Übeltätern und den Gewaltmenschen um uns Widerstand zu leisten.
Und wir benötigen aufrechte und ehrliche Mitmenschen, die uns in Krisensituationen helfen. Von uns ist gefordert, daß wir anderen ehrlich und aufrecht zur Seite stehen, wenn sie Hilfe benötigen.
In schwierigen Situationen brauchen wir weiterhin den Rat weise gewordener Mitmenschen. Wir müssen uns nicht einbilden, alle Probleme selber lösen zu können. Unsere Überheblichkeit tut uns nicht gut, wenn schwierige Aufgaben zu lösen sind. Wir sitzen weiterhin im selben Boot des Lebens.

Zu bedauern sind die verirrten Mitmenschen,
o Brüder und Schwestern.
Sie leben wie blind und suchen ihren größten Genuß.
Sie haben vergessen, was gut und was böse ist.
Und sie sagen, ihnen sei alles erlaubt.
So streiten sie andauernd
und verletzen sich gegenseitig.
Und sie meinen, immer im Recht zu sein.

Udana 68-69

Impulse

Diese Sätze haben auch in unserer heutigen Zeit große Aktualität. Denn viele Menschen leben im Wohlstand und im Überfluß der Güter, doch sie haben die Grundregeln der Moral und der guten Sitten verloren.

Die Reichen und die Stärkeren können es sich leisten, nach Beliebigkeit zu leben. Ihnen ist fast alles erlaubt, was ihnen nützt. Sie biegen das Gesetz so zurecht, daß es ihnen nicht wehtut.

Doch wenn wir nicht mehr klar abgrenzen zwischen dem, was gut und erlaubt ist, und dem, was böse und nicht erlaubt ist, dann wird unser Zusammenleben fast unmöglich.

Gewiß, Herrenmenschen brauchen keine allgemein gültigen Gesetze, ihnen genügt das Recht der Stärkeren. Doch nach diesem Modell, das sich heute großer Beliebtheit erfreut, steuern wir auf große soziale Konflikte zu. Auch die Unterdrückten wissen sich zu wehren, wenn es ums Überleben geht.

Die rechte Achtsamkeit

Achtsamkeit für alle Lebewesen ist der gute Weg
zum glücklichen Leben und zur Unsterblichkeit.
Doch Lieblosigkeit und Herzenshärte
sind die Wege der Zerstörung.
Wer mit den Mitmenschen kein Mitgefühl zeigt,
verletzt diese andauernd.
Wer die anderen Lebewesen geringachtet,
schädigt sein eigenes Leben.

Dhammapada 21f

Impulse

In unserer Welt der großen Mengen und Geschwindigkeiten haben wir es fast verlernt, auf die kleinen Dinge des Lebens zu achten; z. B. auf die Stimmen der Vögel, das Zirpen der Grillen, die Blumen der Wiesen.

Sehen wir noch die kleinen Lebewesen, die uns jeden Tag begegnen? Meist gehen wir in die Museen und bestaunen dort die Vielfalt der Natur. Doch im Alltag haben wir kaum Zeit, unsere Mitnatur aufmerksam zu erleben.

Sehen wir noch die Augen der armen Menschen, die am Straßenrand betteln? Sehen wir in die Gesichter der Kinder und Frauen, die ihren Körper für den Lustgewinn anderer zu Markte tragen müssen, um überleben zu können?

Wir müssen es lernen, den leidenden und trauernden Mitmenschen unsere Aufmerksamkeit und unser Mitgefühl zu schenken. Wir verachten unser Leben, wenn wir die Augen vor den Leidenden und Bedrückten verschließen.

Der weise Mensch lernt die Achtsamkeit,
er achtet auf die kleinen Dinge des Lebens.
Alle Lebewesen begleiten ihn,
er freut sich über die Würmer und die Ameisen.
Er möchte kein Leben zerstören
und keinen Mitmenschen schädigen.
So bringt er Liebe in die Welt,
denn er gehört zu den Auserwählten.

Dhammapada 22f

Impulse

Auch in einer Zeit der Computer und der virtuellen Welten können wir es wieder lernen, auf die kleinen Dinge des Lebens zu achten. Denn wir sind selber kleine Wesen im großen Kosmos, aber keine Herren der Welt.

Die Gefahr ist groß, daß wir heute mit virtuellen Welten unsere reale Lebenswelt zudecken, wo sie uns unerträglich wird. Wir möchten uns selber täuschen und nur die schönen und lustvollen Dinge um uns sehen.

Doch der ehrliche und weise Mensch bemüht sich, genau hinzusehen, was in seiner kleinen oder großen Welt wirklich der Fall ist, wo Menschen unterdrückt und ausgenutzt werden.

Denn er möchte einen Beitrag dazu leisten, daß mehr Mitgefühl und Barmherzigkeit in unsere Welt kommen, daß weniger Menschen leiden müssen, daß den Armen geholfen wird. Denn darin sieht er die große Aufgabe seines kurzen Lebens.

In der Meditation begegnen wir
dem göttlichen Urgrund,
wir kommen der Mitte des Lebens ein Stück näher.
Und wir üben das Loslassen und die Gelassenheit,
alle Unruhe in uns kommt zu Ende.
Wir erleben, wo unsere Wurzeln sind,
wo wir geborgen sein können.
Dies ist der Weg zur Wahrheit und zur Erleuchtung,
wir werden frei von vielen Zwängen.

Dhammapada 21f

Impulse

In der Meditation üben wir uns, die rechte Aufmerksamkeit für die kleinen Dinge und Vorgänge des Lebens zu finden. Wir können in die Mitte unseres Lebens gehen, die Mitte unserer Person und unseres Bewußtseins.

Und wir können dem göttlichen Urgrund des Seins ein Stück näher kommen. Dann beginnen wir zu ahnen, daß wir aus einem letzten Urgrund herkommen. Und wir erleben vielleicht ein Stück Geborgenheit.

Wir möchten etwa Ruhe finden in unserem hektischen Leben, denn unser Hasten kostet uns viel Lebensenergie. Wir können lernen, das Leben als Geschenk zu sehen und die Dinge loszulassen, an denen wir hängen.

So führt uns die Meditation in die Stille und in die Tiefe des Lebens. Unsere Seele wird innerlich frei, sie wird sich ihrer Lebensaufgabe bewußt. Und wir können gestärkt unsere Arbeit beginnen.

Alles ist im Wandel und in der Veränderung.
Unser Leben ist eine ständige Abfolge von
verschiedenen Zuständen und Gefühlen.
Der eine Zustand ist im Kommen,
der andere ist im Gehen.
Nichts ist bleibend, nichts ist unbeweglich.
Wir sollen nicht an einem Zustand
unseres Bewußtseins festhalten,
nicht an einem Bild unseres Selbst hängen.

Milindapana 40f

Impulse

Wir Menschen sind im Werden und im Vergehen, unser Leben ist wie ein großer Fluß. Viele Grenzen verschwimmen und es zeigen sich neue Grenzen. Aber es gibt darin bleibende Konturen.

Wir glauben, daß wir in allen Wandlungen doch eine feste Identität haben und behalten. Wir sind lebendige Personen mit einem dauerhaften Bewußtsein und einem bestimmten Selbstbild.

Hier unterscheiden wir uns von der buddhistischen Lebensdeutung, die auf die Auflösung des Bewußtseins hinzielt. Wir glauben, daß der Kern unseres Bewußtseins unveränderlich ist bis zu unserem Tod.

Es ist gut, wenn wir an einen göttlichen Urgrund glauben können und wenn wir uns darin verwurzeln können. Denn wir alle haben Sehnsucht nach einer letzten Geborgenheit im Leben. In der Religion können wir sie finden.

Die Ambivalenz des Lebens

Alles ist in Veränderung.
Ich war einmal ein Kind, klein und schwach.
Nun bin ich erwachsen geworden,
mein Körper ist groß und stark.
Mein Bild von meinem Selbst hat sich verändert.
Und ich werde wieder alt und schwach und klein.
Mein Bild von meinem Selbst ist ständig im Wandel,
ich kann es nicht festhalten.

Theragatha 1054f

Impulse
Wir wissen wohl, daß sich alles verändert. Trotzdem bilden wir ein konstantes Bild von unserer Welt und von uns selbst. Wir brauchen gleichbleibende Orientierungen, sonst können wir nicht überleben.
Unsere äußeren Lebensbedingungen bleiben über lange Zeit dieselben, oft ein Leben lang. Unsere Häuser, unser Besitz, unser Beruf, unsere Bezugspersonen bleiben.
In unserem Bewußtsein brauchen wir die Konstanz der Erfahrung, was immer im atomaren Bereich geschehen mag. Wir können die vielen biochemischen Prozesse in unserem Körper niemals bewußt erfassen.
Bei aller bleibenden Lebensorientierung ist es wichtig, daß wir uns der Veränderungen im Leben bewußt werden. Sonst werden wir geistig unbeweglich und können auf neue Situationen nicht angemessen reagieren.

Die Menschen schelten den, der viel redet.
Aber sie sind auch mit dem unzufrieden, der schweigt.
Doch sie haben Respekt vor dem, der mäßig redet.
Oft tadeln wir einander ohne Grund, doch das muß nicht so sein.

Digha Nikaya 330f

Impulse
Es gibt Menschen, die zuviel und unbedacht reden, sie lassen andere gar nicht zu Wort kommen. Und sie können anderen kaum zuhören. Denn sie sind übermäßig von sich selbst eingenommen.
Und es gibt Menschen, die wenig reden und zurückgezogen leben. Sie wirken auf uns wie ein Rätsel, sie gelten als verschlossen. Doch sie haben ihre Gründe dafür.
Wir schätzen den mittleren Weg, nämlich das offene und maßvolle Gespräch. Keiner will über den anderen herrschen, beide teilen sich offen ihre erlebten Gefühle mit.
Es ist wichtig, daß wir leeres Geschwätz meiden. Und es gibt auch keinen Sinn, wenn wir einander täuschen. Wir sollten einander nicht abwerten, wohl aber ehrliche Kritik sagen.

Wir loben einander,
wenn wir Gutes tun und anderen helfen.
Und wir tadeln einander, wenn wir Böses tun
und andere schädigen.
Doch in jedem Menschen ist Gutes und Böses vermengt.
Jeder ist fähig zu lieben und zu hassen,
aufzubauen und zu zerstören.
Dies zu wissen gehört zur Weisheit des Lebens.

Dhammapada 218f

Impulse

Kein Mensch ist von Natur aus böse, keiner handelt nur zerstörend in seinem Leben. In jedem von uns ist auch die Fähigkeit zum Guten, sie will entfaltet werden.

Aufgrund böser Erfahrungen in der frühen oder späteren Lebensgeschichte neigen aber viele dazu, anderen Böses zu tun und sich für ihre Verletzungen zu rächen.

Doch Menschen mit guten Erfahrungen im frühen und späteren Leben sind auch fähig, den Mitmenschen Gutes zu tun, anderen Lebensraum und Zuwendung zu geben.

In unserem Leben sind immer beide Fähigkeiten. Wir müssen immer wählen, ob wir mehr lieben oder mehr hassen wollen. Doch wir alle können die Liebe lernen, einer am anderen. Dies ist die große Weisheit des Buddha.

Es gibt keinen Menschen, der immer nur gelobt wird.
Und es gibt keinen, der immer nur getadelt wird.
Der weise Mensch strebt nach der Tugend
und dem rechten Maß.
Er möchte kein Wesen schädigen.
Doch der Törichte ist unachtsam,
er zerstört Vieles, was wächst.

Dhammapada 57f

Impulse

Wir müssen also die Ambivalenz des Lebens ertragen, dennoch können wir gut miteinander auskommen. Es ist wichtig, daß wir den in seiner Lebensgeschichte verstehen, der Böses tut. Kein Mensch muß bei seinen frühen Prägungen und Einstellungen bleiben. Wir können gegenseitig unsere Verletzungen heilen, und wir können uns zum Guten motivieren.

Immer aber brauchen wir liebende und mitfühlende Menschen um uns, an denen wir uns orientieren können. Von ihnen erhalten wir die Kraft, anderen Gutes zu tun.

Mitmenschen ziehen unserem Leben die Grenze, sie formen uns im Guten wie im Bösen. Dennoch sind wir selbst für unser Leben verantwortlich. Wir können entscheiden, wie wir leben wollen. Und wir müssen es.

Der weise Kutscher

Der kluge und weise Mensch gleicht
einer goldenen Münze,
er wird von allen Wesen geschätzt.
Kein Mensch würde es wagen,
böse von ihm zu sprechen.
Selbst der Schöpfer Brahma
und die anderen Götter loben ihn.
Streben wir nach der Weisheit des Lebens,
dann können alle Wesen gedeihen.
Streben wir nach Mitgefühl,
dann müssen weniger Wesen leiden.

Digha Nikaya 332

Impulse

Der weise Mensch nutzt allen Mitmenschen und allen Wesen, denen er begegnet. Doch was zeichnet ihn aus? Es ist das Mitgefühl, das er allen Wesen entgegenbringt.

Für uns geht es heute darum, daß wir lernen, zu allen Mitmenschen fair zu sein. Und wir müssen begreifen, daß wir den Schwächeren und Ausgesetzten helfen müssen.

Zur Lebensweisheit gehört es, daß wir unsere Umwelt und Mitwelt schonen, daß wir nicht als Herrenmenschen auftreten, daß wir fremdes Leben schützen und bewahren wollen.

Die Folge ist, daß weniger Menschen leiden müssen, daß die Güter der Welt gerechter verteilt werden können, daß sich jedes Leben entfalten kann, daß niemand auf Kosten anderer lebt.

Wer den aufkommenden Zorn rechtzeitig
zu bändigen weiß,
so wie ein Kutscher eine schwankende Kutsche
ins Gleichgewicht bringt,
der ist weise an Leben.
Wer sich aber von seinen bösen Gefühlen
und Leidenschaften hin und her reißen läßt,
der ist nur ein schwacher Zügelhalter,
aber kein Lenker des Wagens.

Dhammapada 222f

Impulse

Auch in uns gibt es Strebungen und Leidenschaften, die für das soziale Leben schädlich sind. Wer sich von Haß und Zorn hin und her reißen läßt, zerstört Vieles um ihn herum.

Der Verstand ist uns geschenkt, damit wir unsere Leidenschaften und Gefühle ordnen, damit wir sie in vernünftige Bahnen lenken. Wir müssen davon Gebrauch machen.

Freilich ist der Verstand oft zu schwach, um unsere lebensfeindlichen Impulse zu lenken und zu zähmen. Allzuoft gehen unsere Gefühle mit uns durch, wir leben zügellos.

Der weise Mensch versucht immer wieder, seine lebensfeindlichen Einstellungen zu überwinden. Denn er möchte nicht die Schwächeren ausnützen, er möchte nicht fremdes Leben schädigen. Die Vernunft ist das höchste Geschenk des göttlichen Schöpfers, wir sollten ihm dankbar sein.

Auf den Zornigen können wir nur zugehen,
wenn wir uns des Zornes enthalten.
Auf den Übeltäter können wir nur Einfluß haben,
wenn wir ihm Gutes tun.
Dem Geizigen können wir nur begegnen,
indem wir großzügig sind.
Mit dem Lügner können wir nur zurechtkommen,
wenn wir bei der Wahrheit bleiben.

Dhammapada 22f

Impulse

Es ist tatsächlich so, zornigen und aggressiven Menschen können wir nur begegnen, indem wir einen klaren und kühlen Kopf bewahren. Denn sonst werden wir in die Dynamik der Zerstörung hineingezogen.

Im kleinen Lebensbereich können wir dem zornigen Fanatiker mit Wohlwollen und Verständnis begegnen. Aber wir müssen ihn deutlich auf sein Fehlverhalten aufmerksam machen.

Doch im großen Bereich des politischen Lebens müssen wir dem zornigen Aggressor entschieden Widerstand leisten, auch mit militärischen Mitteln. Sonst werden wir und viele andere seine Opfer.

Die Vernunft und die Erfahrung sagen uns, daß mit zerstörerischen Menschen nicht zu spielen ist. Es geht immer darum, daß wir mit geeigneten Mitteln unser Leben und das der Mitmenschen zu schützen wissen.

Kann die Wahrheit dem Lügner beikommen?
Kann die Großzügigkeit den Geizigen verändern?
Kann Zuwendung einen Übeltäter zur Umkehr bringen?
Dies ist der Weg der Weisheit und der Götter,
wir haben keinen anderen.
Wir müssen in der Wahrheit leben,
nicht nur von ihr reden.

Dhammapada 224f

Impulse
Im alltäglichen Leben genügt es meist nicht, einem Lügner mit Ehrlichkeit zu begegnen. Wir müssen ihm Widerstand leisten, um ihn zur Ehrlichkeit zu zwingen.
Der Weg der Götter ist für uns Menschen ein Ideal, aber er ist schwer zu verwirklichen. Wir müssen dem Lügner entgegentreten und seine Täuschungen aufdecken.
Freilich nützt es nicht, wenn wir dem Lügner mit Gegenlügen begegnen. Denn dann wissen wir bald selbst nicht mehr, was die Wahrheit war. Es geht darum, daß wir mit Klugheit und Vernunft den Lügner zur Umkehr bewegen.
Denn wir können mit Lügen und Täuschungen nicht zusammenleben. Es mag mühsam sein, um die Wahrheit zu ringen. Doch es führt kein Weg daran vorbei, wenn wir das gute und gelingende Leben suchen.

Die Vergänglichkeit der Dinge

Der Reiche denkt Tag und Nacht an sein Gold
und seinen Besitz.
Er hat Sorge, daß er bestohlen und beraubt wird.
So hat er keine ruhige Stunde, ständig lebt er in Angst.
Doch der weise Mensch kann seinen Besitz loslassen,
er hängt nicht an den Dingen.
Denn er weiß um die Vergänglichkeit
und um die Wandlungen des Lebens.

Jataka II, 184f

Impulse
Hier haben sich die Zeitlagen geändert, die Reichen müssen heute wenig Angst haben um ihr Geld. Sie haben es in Aktien und Anleihen sicher bei den Banken angelegt. Und es vermehrt sich von Tag zu Tag wie von selbst.
Schlaflos leben vielmehr viele der Armen, die nicht wissen, wovon sie am nächsten Tag leben sollen. Schlaflos sind die Obdachlosen, die Straßenkinder, die Slumbewohner der Großstädte.
Dies sind die bitteren Realitäten unserer modernen Welt. Und wir können sie global kaum verändern. Das macht uns oft mutlos.
Doch wir alle können in unseren kleinen Lebensbereichen viel tun, daß Not gelindert wird, daß Obdachlose sicher schlafen können, daß Kinder weniger leiden müssen.

Was gehört zur Weisheit des Lebens, großer Lehrer?
Zur Weisheit gehört die Loslösung von allen Bindungen.
Binde dich nicht an Dinge, die vergänglich sind.
Binde dich nicht an Menschen, die sich wandeln.
Die Weisheit bringt mehr Licht in dein Leben.

Milindapana 39f

Impulse

Wir alle brauchen feste Bindungen, um überhaupt leben zu können. Wir haben feste Beziehungen zu Eltern, zu Geschwistern, zu Freunden, zu Ehepartnern.

Und wir haben Beziehungen zu Sachwerten und Besitzungen, zu Berufen und Institutionen. Auch diese Beziehungen sind für uns wichtig, wir brauchen sie, um unser Leben entfalten zu können.

Nun erinnert uns die buddhistische Weisheit, daß alle unsere Beziehungen und Bindungen vorläufig sind, daß sie vergehen werden, daß wir sie einmal loslassen müssen.

Es kann hilfreich sein, um diese Vergänglichkeit zu wissen. Denn dann gehen wir anders mit unseren Besitzwerten, aber auch mit unseren Mitmenschen um. Es geht darum, daß wir lernen, mit anderen zu teilen.

Zur Weisheit des Lebens gehört die rechte Einsicht
in das Leiden.
Denn alles Leben ist Leiden.
Und dieses Leiden kommt aus der Gier nach Leben.
Lerne, die Dinge loszulassen, an denen du hängst.
Und du verminderst das Leiden.
Und wenn wir einander nicht verletzen,
vermindern wir das Leiden.

Milindapana 39f

Impulse

Auch unser Leben kann sehr leidvoll sein. Doch im allgemeinen leben wir heute geschützter und gesünder, als Menschen früher Kulturen es konnten. Wir haben Leiden nachhaltig vermindert.

Doch immer gibt es unter uns Menschen, die Schweres zu leiden haben. Es sind Menschen, die an Krebs oder an AIDS erkrankt sind, die an den Rollstuhl gefesselt sind.

Leiden ist unter uns ungleich verteilt. Die einen leben gesund und im Wohlstand, sie genießen das Leben. Und die anderen werden vom Leben schwer bedrückt und wissen kaum weiter.

Die Weisheit des Buddha sagt uns, daß wir alle unsere Begierde nach Leben und nach Besitz verringern sollten. Denn dann verletzen wir weniger Mitmenschen. Und unser Leben wird humaner für alle.

Die Weisheit des Lebens zerstreut die Dunkelheit
des Nichtwissens.
Sie führt zu den vier edlen Wahrheiten.
Mühen wir uns um die Konzentration des Geistes,
damit wir in der Meditation voranschreiten.
Dann werden wir die Vergänglichkeit
in allen Dingen erkennen,
und wir werden nichts festhalten.
Wir werden auch an unserem Selbst nicht festhalten.

Milindapana 39f

Impulse

Was ist für uns die Dunkelheit des Nichtwissens? Das können falsche Vorurteile oder tiefe Selbsttäuschungen sein. Als Hedonisten oder als Materialisten täuschen wir gerne uns selbst und andere.

Wenn wir uns vorspielen, unsere Welt sei in bester Ordnung und die Armen seien selbst an ihrer Armut schuld, dann täuschen wir uns bewußt. Wir beruhigen unser schlechtes Gewissen.

Wir können Dinge und Personen um uns nicht festhalten, wir müssen sie loslassen. Und wir sind auch nicht die Herren über die Natur oder unsere Mitmenschen.

Ständig müssen wir gegenseitig unsere Selbsttäuschungen aufdecken. Hie und da ist es gut, auch die eigene Person zu relativieren. Keiner von uns ist der Mittelpunkt der Welt. Wir alle sind nur ein winziger Teil im großen Kosmos.

Die Gipfel der Berge

Der weise Mensch, der unter den Törichten lebt,
ist wie eine Lampe,
die in einen dunklen Raum gebracht wird.
Sie bringt Licht und vertreibt die Dunkelheit,
je nachdem wie stark ihr Licht leuchtet.
Wer voll Mitgefühl und in Frieden lebt,
verändert das Leben der Gewalttätigen.

Milindapana 39f

Impulse

Wie lebt der weise Mensch, wenn er Licht in seine dunkle Umwelt bringen möchte? Er sieht die Nöte und Leiden seiner Mitmenschen und ist von ihnen betroffen, er möchte den Schmerz lindern helfen.

Die Dunkelheit der Welt besteht in der Hartherzigkeit und Aggressivität vieler Menschen, die ihre Mitmenschen abwerten und verletzen. Es leben unter uns zu viele Egoisten auf Kosten ihrer Mitmenschen.

Licht und Dunkel sind moralische Maßstäbe, sie ergeben sich aus unserem emotionalen Erleben. Der Weise ist der liebevolle und mitfühlende Mensch, der den Egoisten entgegentritt, damit sie nicht unbehindert herrschen können.

Leider nimmt der Egoismus in unserer Lebenswelt stark zu, die Solidarität mit den Schwächeren ist deutlich im Sinken. So ist es dringend, daß viele um Weisheit und um tatkräftige Nächstenliebe ringen. Sonst wird unsere Lebenswelt dunkel und kalt.

Die guten Menschen sind weit sichtbar
wie die Gipfel der Berge des Himalaya.
Denn Menschen, die mit Mitgefühl leben
und anderen Gutes tun, verändern ihre Mitmenschen.
Denn auf Dauer kann sich kein Mensch
der Liebe und der Zuwendung
weiser Menschen entziehen.

Dhammapada 304

Impulse

Sind die liebenden Menschen unter uns tatsächlich weithin sichtbar wie die hohen Berge? Von einigen mag das gelten, ihre Taten regen viele an, es ihnen nachzutun. Mutter Teresa von Kalkutta war ein solches Beispiel der Nächstenliebe.

Doch viele liebende und mitfühlende Menschen, die Wärme in unsere kalte Welt bringen, können wir nicht sehen. Sie wirken im Verborgenen und hängen ihre Taten an keine großen Glocken. Doch sie verändern unsere Lebenswelt.

Auf die Dauer können sich auch harte und verletzte Menschen der Liebe und der Zuwendung ihrer Mitmenschen nicht entziehen. Doch woher nehmen wir die innere Kraft, anderen genügend Zuwendung zu geben, vor allem, wenn sie uns verletzt haben?

Diese Kraft wird uns zum guten Teil in die Wiege gelegt, durch Menschen, die uns Zuwendung und Geborgenheit schenken. Zum Teil müssen wir uns diese Kraft selbst erarbeiten. Wir müssen um Liebesfähigkeit ringen, Tag für Tag, jeder mit seinen Fähigkeiten.

Doch böse Menschen bringen Dunkelheit
und Nacht in das Leben.
Denn sie verletzen und zerstören fremdes Leben.
Von ihnen bleiben überall die Spuren des Todes.
Sie sind wie giftige Pfeile,
die durch die Nacht geschossen werden.
Doch die weisen Menschen wissen sich
vor ihnen zu schützen.

Dhammapada 304

Impulse
Warum werden so viele Menschen in ihrem Leben böse und zerstörend? Viele von ihnen wurden in der frühen Kindheit seelisch verletzt, ihnen wurden viele Wünsche und Bedürfnisse nicht erfüllt.
So rächen sie sich im späteren Leben an anderen Menschen, die ihnen erreichbar sind. Sie wollen zerstören, weil an ihnen viel zerstört wurde. Oft sind sie sich dieses Prozesses gar nicht bewußt.
Solange diese Verletzungen nicht heilen können, werden die Betroffenen Böses tun. Sie werden andere schädigen, wo sie es nur können. Sie werden lügen und betrügen, sie werden auch fremdes Leben töten.
Gewiß müssen wir uns hinreichend vor zerstörerischen Menschen schützen. Doch gleichzeitig müssen wir ihnen Hilfe anbieten, damit ihre seelischen Verletzungen heilen können, damit sie nicht weiter Leben stören und zerstören müssen. Das ist die schwierigste Aufgabe unseres Lebens.

Der Duft der Blumen und der Jasminblüten
geht nicht gegen den Wind,
denn er wird vom Wind vertragen.
Anders ist es mit dem Duft der guten Menschen
und ihrer guten Taten.
Dieser Duft geht auch gegen den Wind,
denn Liebe und Mitgefühl wirken
nach allen Richtungen.
Auf Dauer kann sich niemand ihnen widersetzen.

Dhammapada 304f

Impulse

Auch wir können heute liebevolle und gute Taten mit dem Duft von wohlriechenden Blumen vergleichen. Und die bösen Taten des Hasses und des Zornes sind für uns wie der Gestank übelriechender Blumen und Pflanzen.

Aber nicht nur unsere guten Taten, auch unsere bösen Taten verbreiten sich nach allen Richtungen. Sie zeitigen böse Folgen für viele Menschen, sie schlagen tiefe Wunden. Sie nehmen vielen Menschen jede Hoffnung.

Es sind unsere guten Taten der Liebe, des Mitgefühls und der Verzeihung, die anderen Menschen Lebenskraft geben und Lebensraum eröffnen. Erfahrene Liebe läßt uns hoffen und intensiv leben.

Und wir haben die kleine Hoffnung, daß auf Dauer unsere guten Taten stärker sein werden als unsere bösen Taten der Lüge und der Gewalt. Auf dieser kleinen Hoffnung baut unsere Kultur auf. Wir haben die Chance, unsere Lebenswelt menschlich zu gestalten.

Der Duft der Blumen

Wie Sandelbaum und Lotos und Jasmin zusammen,
so duften die guten Taten der weisen Menschen.
Ihr Duft strömt nach allen Seiten,
viele Wesen werden dadurch glücklich.
Denn es sind Liebe und Zuwendung,
die alle Wesen brauchen und die sie leben lassen.

Dhammapada 54f

Impulse

Wir sind fasziniert vom Duft der Blumen und Blüten um uns, sie sind uns starke Bilder des gelingenden Lebens. Sie sind Symbole unserer guten Taten, deswegen lieben wir die Blumen. Tatsächlich haben unsere guten Gedanken und unsere liebevollen Worte vielfältige Wirkungen auf unsere Mitmenschen. Wir können sie ermutigen und wieder aufrichten, wir können trösten und Hoffnung geben.

Vor allem sind es unsere guten Taten, die vielfältig auf andere Menschen weiterwirken. Denn sie geben ihnen Raum zum Leben und Kraft zum Überleben. Sie geben Brot zum Leben und ein Dach über dem Kopf, sie geben Schutz und Sicherheit.

Nun haben alle Menschen tiefe Sehnsucht nach Liebe und Geborgenheit. Doch allzu vielen Menschen werden sie vorenthalten, sie bekommen zu wenig davon. So wird ihr Leben bitter und sie rächen sich an anderen für ihre Entbehrungen. Sind wir gewillt, etwas mehr an Liebe in die Welt zu bringen?

Der Duft der Ehrlosen hinterläßt
einen bitteren Geschmack,
denn er schädigt viele Wesen.
Denn Lügner und Betrüger verletzen ihre Mitmenschen,
Gewalttäter zerstören immerfort Leben.
Die gierig am Besitz hängen,
raffen immer mehr an sich.
Sie sind nicht bereit, mit den Hungrigen zu teilen.
So hinterlassen Übeltäter einen bitteren Geschmack
für lange Zeit.

Dhammapada 54f

Impulse

Es gibt Pflanzen, die verbreiten für unsere Nasen einen üblen Geruch. Dieser soll uns davon abhalten, sie zu essen. Denn sie schädigen unseren Körper, sie sind für uns giftig.

Ähnlich sind die bösen Taten der Lügner und der Gewalttäter für uns unverträglich. Wir sollen uns vor diesen Menschen schützen, denn sie gefährden unser Leben. Wir sollen nicht die Opfer von aggressiven Rächern werden.

Es sind seelisch verletzte Menschen, die in ihrem Leben stehlen und rauben, die nach Beliebigkeit lügen und Mitmenschen verleumden, die gierig immer mehr an Besitz raffen, die andere Menschen auch töten.

Wir müssen alles tun, was uns möglich ist, um uns vor solchen Menschen zu schützen, aber um gleichzeitig die seelischen Verletzungen der Gewaltmenschen zu heilen. Das erscheint in vielen Fällen unmöglich, doch es führt kein Weg an dieser Notwendigkeit vorbei. Jeder kann in seiner kleinen Lebenswelt damit beginnen.

Wenn wir nur an unsere alten Verletzungen denken,
kommen wir nie zur Weisheit des Lebens.
Wenn wir immerfort an die denken, die uns beschimpft,
geschlagen oder beraubt haben,
dann wird unser Zorn nie versiegen.
Es ist gut, wenn wir unseren Haß und Groll
loslassen können.
Denn dann müssen wir uns für die alten Verletzungen
nicht rächen.

Dhammapada 3f

Impulse
Schon die frühen buddhistischen Lehrer wußten, daß unsere seelischen Verletzungen heilen müssen, wenn sie nicht Schaden anrichten sollen. Wir müssen daran arbeiten, daß wir diese Verletzungen einmal loslassen können.
Dies bestätigt uns auch die moderne Psychologie. Und sie hat viele Methoden entwickelt, um diese frühen Schädigungen eines Lebens heilen zu können. Es sind Methoden des Gesprächs, des Rollenspiels, der Körperdynamik.
Zuerst müssen wir den Schmerz der Verletzung spüren und in uns bewußt zulassen. Dann können wir über unsere Verletzungen mit anderen sprechen. Und dann gelingt es uns vielleicht, diese Verletzungen loslassen zu können.
Dann aber können wir unser Leben neu orientieren, wir müssen uns nicht mehr rächen. Und wir müssen nichts zerstören, sondern wir werden frei, um aufzubauen und um mehr Liebe in die Welt zu bringen. Das sind tiefe Weisheiten des Lebens, in allen Kulturen.

Niemals in der Welt wird der Haß
durch den Haß vertrieben.
Niemals wird unter den Menschen die Gewalt
durch Gegengewalt beendet.
Niemals können wir Verletzungen durch Rache
und Vergeltungen wieder gutmachen.
Es bleibt uns nur der Weg der Versöhnung,
der Weg des Loslassens und der Verzeihung.
Dies ist die tiefe Weisheit des Lebens.

Dhammapada 5f

Impulse

Auch diese Lebensweisheit des Buddhisten wird durch die moderne Psychologie und durch unsere Lebenserfahrung bestätigt. Wir können Gewalt nicht durch Gegengewalt vertreiben. Wir können ihr aber deutlich Einhalt gebieten.

Es gibt viele Situationen, wo militärische Gewalt nur durch Gegengewalt beendet werden kann. Doch danach müssen die Wurzeln der Aggression aufgearbeitet werden, dies ist sehr mühsam.

Beschwerlich ist der Weg der Versöhnung, vor allem nach Kriegen und Vertreibungen. Mühsam ist das Verzeihen und der Neubeginn der früheren Feinde. Wir müssen Schuld aufarbeiten und wiedergutmachen, wenn wir zusammenleben wollen.

Doch es ist möglich, daß unsere Verletzungen heilen, daß wir einander verzeihen, daß wir neu beginnen. Denn im Tiefsten unserer Seele müssen wir nicht hassen, wir alle wollen ein Stück Geborgenheit und Sicherheit. Und dies können wir einander geben. Dies ist das Wunder unseres Lebens, das sich verbreitet.

Die Spreu vom Weizen

Wenn wir an unsere alten Verletzungen
nicht mehr denken,
können wir zu lieben beginnen.
Wenn wir die alten Beschimpfungen
und Schädigungen vergessen,
dann können wir Mitgefühl entfalten.
Wenn wir unseren Haß und die Verbitterung loslassen,
können wir auf andere Menschen zugehen.
Dies ist ein altes Gesetz des Lebens.

Dhammapada 4f

Impulse
Es ist erstaunlich, welche Lebensweisheit aus diesen alten Texten spricht. Denn es ist tatsächlich möglich, daß wir unsere alten Verletzungen loslassen, daß wir uns nicht mehr dafür rächen müssen.
Doch wir brauchen die Unterstützung liebevoller Mitmenschen, damit uns dies gelingt. Dann können wir auch Beschimpfungen und Schädigungen verzeihen, wir müssen den erlittenen Haß nicht zurückgeben.
Wir werden dann die Täter ein wenig verstehen, warum sie uns verletzt haben. Doch wir müssen ihnen Widerstand leisten, daß sie uns nicht weiter verletzen. Religion kann uns eine starke Motivation zur Versöhnung geben.
Heute arbeiten viele Heilmethoden und Therapien daran, daß alte Verletzungen geheilt werden können. Wir alle können uns in unserer kleinen Umwelt daran beteiligen, daß die Versöhnung der Feinde möglich wird, daß Gewalt unter uns abnimmt, daß wir mitmenschlich zu leben vermögen.

Wer aber den beleidigt,
der schuldlos und ehrenhaft lebt,
auf den fallen seine bösen Worte zurück.
Und wer den verfolgt und bedrückt,
der gerecht und voll Mitgefühl lebt,
den wird das Glück verlassen.
Und wer Steine und Sand
auf den ehrlichen Menschen wirft,
auf den fallen die Steine und der Sand zurück.

Dhammapada 33f

Impulse

Heute neigen wir dazu, zu denken: Schön wäre es, wenn es so wäre! Doch unsere Welt ist nicht so. Und sie war vielleicht gar nie so. Denn äußerst selten fallen böse Worte auf den Lügner und Verleumder zurück.

Nur selten werden Steinewerfer vom Unglück ereilt, nur selten werden Kriegstreiber bestraft. Es ist unser tiefer Wunsch nach Gerechtigkeit, daß diese Strafe eintreten möge. Doch dies ist selten der Fall.

Daher sollten wir uns vor bösen Worten und Verleumdungen hüten, weil wir andere Menschen schädigen. Vielleicht stimmt es, daß böse Taten auf lange Sicht wenig Lebensglück bringen, weil das innere Gleichgewicht fehlt.

Doch unsere Vernunft sagt uns, daß es unsinnig und gefährlich ist, wenn wir einander Böses tun, wenn wir einander belügen und schädigen. Es ist allein sinnvoll und entspricht unseren tiefsten Erwartungen, daß wir einander helfen und unterstützen, daß wir fair miteinander umgehen.

Böse Taten gerinnen nicht so schnell
wie die Milch gerinnt.
Denn sie brennen wie stille Glut in der Asche weiter.
Lüge und Verleumdung kann man nicht
schnell aus der Welt schaffen,
sie bleiben lange Zeit haften.
Unrecht und Unterdrückung kann kein Wind verblasen,
denn sie verletzen die Herzen der Mitmenschen tief.

Dhammapada 71

Impulse

Böse Taten haben immer leidvolle Wirkungen auf Mitmenschen. Sie verletzen die Schwächeren, sie schädigen die Armen. Sie zerstören Erwartungen, sie nehmen Hoffnungen weg, sie beenden auch Leben.

Böse Taten setzen immer die Dynamik des Bösen in Gang, zum kurzen Vorteil der Täter. Doch wenn alle Menschen einander nur Böses täten, hätten auch die hassenden Verbrecher keinen großen Gewinn.

Die Übeltäter leben nur vom Wohlwollen der guten und der weisen Menschen. Dies sollten sie bedenken. Doch sie tun es nicht. Sie wollen wie Herrenmenschen auf Kosten der anderen gut leben und reich werden.

Es sind zu viele Fanatiker, die zum Haß aufrufen, die Feindbilder aufbauen. Wir müssen uns rechtzeitig schützen vor diesen Gruppen und Personen. Wir müssen uns mit aller Kraft dem Bösen widersetzen, wo immer es in unserer Lebenswelt auftritt.

Es ist leichter, die Fehler der Mitmenschen zu sehen,
als die eigenen Fehler zu erkennen.
Wir sieben die Fehler der anderen
wie Spreu vom Weizen,
um uns selber besser zu wähnen.
Und wir neigen dazu, die eigenen Fehler zuzudecken,
wie die Falschspieler es tun.

Dhammapada 252f

Impulse

Wie also sollen wir mit den eigenen Fehlern umgehen? Zunächst müssen wir sie als solche erkennen. Und das ist gar nicht leicht. Wir müssen darauf achten, was die Menschen um uns als unsere Fehler sehen.

Wer ein starkes Selbstwertgefühl hat, kann eigene Fehler erkennen und auch akzeptieren. Denn er versteht die bösen Folgen seines Fehlverhaltens für die Mitmenschen. Doch viele leben in einer Traumwelt, sie halten sich für fehlerfrei.

Es geht darum, daß wir ein realistisches Selbstbild gewinnen, daß wir unsere guten und unsere bösen Seiten richtig einschätzen. Denn nur dann können wir Fehlverhalten ändern. Wir alle können es, keiner muß bei seinen Defiziten bleiben. Und wir können aus unseren Fehlern etwas lernen, wir können unsere Einstellungen und unser Verhalten verändern. Im Grunde sind wir alle fähig, mehr zu lieben und mehr Mitgefühl miteinander zu leben. Wir sollten unsere guten Begabungen nützen, wo immer wir leben.

Das schnelle Vergnügen

Wer ständig die Fehler der Mitmenschen sucht,
täuscht sich selber.
Der verachtet die anderen Menschen
und wertet sich selbst ab.
Er ist nicht ehrlich und nicht wahrhaftig,
dadurch wird sein Inneres unrein.
Denn wer die eigenen Fehler nicht erkennen will,
der kann auch nicht viel verändern.
Doch wir alle müssen aus unseren Fehlern lernen,
wollen wir weise werden.

Dhammapada 252f

Impulse
Gewiß neigen wir dazu, die Fehler der Mitmenschen eher zu sehen als die eigenen. Viele verdrängen die eigenen Defizite, indem sie immer auf die Verfehlungen der anderen hinweisen. Sie täuschen sich selber.
Doch hören wir genau hin, was die Mitmenschen von uns denken, dann können wir unsere eigenen Fehler und Grenzen besser erkennen. Denn unsere Fehler im Verhalten sind immer relativ, nämlich auf konkrete Mitmenschen bezogen.
Freilich müssen wir auch den anderen Menschen um uns kritisch begegnen, wir müssen auch sie deutlich auf ihre Fehler im Verhalten hinweisen. Nur durch gegenseitige Kritik können wir persönlich lernen.
Denn Kritik orientiert sich am gelingenden Zusammenleben, an der Erfüllung unserer ursprünglichen Bedürfnisse. Sie schaut genau hin und unterscheidet deutlich den guten und den schlechten Weg der Lebensgestaltung.

Wer nur dem schnellen Vergnügen nachjagt,
ohne seine Sinne zu zügeln,
wer maßlos ist im Essen und Trinken,
der schädigt sein eigenes Leben.
Auf den wartet der Todesgott Mara,
dessen Leben bricht er wie einen dürren Baum.
Zur Lebensweisheit gehört das rechte Maß
in allen Dingen.

Dhammapada 7f

Impulse
Leider laufen heute zu viele dem lauten und schnellen Vergnügen nach. Von den Trendsettern und lautstarken Marktschreiern wird ihnen dies vorgezeichnet. Und sie haben nicht die Kraft, ihren eigenen Weg zu suchen.
Gewiß kurbelt das schnelle und teure Vergnügen die Wirtschaft an, es wird mehr an Sachwerten umgesetzt. Die Gewinne der Freizeitindustrie steigen an, doch nach den persönlichen Folgen des schnellen Vergnügens fragt niemand.
Viele suchen „fun" und „action" in ihrer Freizeit, um die große Langeweile ihres Lebens zu überdecken. Immer schneller und gewagter soll es zugehen, denn man lebt ja nur einmal und ohnedies viel zu kurz.
Dies ist eine egozentrische Grundeinstellung, auf die Nöte und Bedürfnisse der Mitmenschen wird nicht geblickt. Doch viele schädigen bei diesem Verhalten ihre seelische und körperliche Gesundheit. Das Übermaß hat seinen Preis, viele werden ihn zahlen müssen.

So wie der Regen nicht eindringt in ein Haus,
das ein gutes Dach hat,
so bricht die böse Leidenschaft nicht ein in ein Leben,
das die Weisheit sucht.
Bewacht das Haus eures Lebens,
legt euren Leidenschaften Zügel an.
Laßt euch von euren Wünschen und Gefühlen
nicht hin und her reißen,
sondern übt euch im Verzicht.

Dhammapada 14f

Impulse

Wie haben wir unser „Haus des Lebens" bestellt? Haben wir es geordnet, haben wir ein gutes Fundament gelegt und ihm ein sicheres Dach aufgesetzt? Und halten wir viele Fenster offen, gibt es frische Luft darin?

Oder haben wir auf Sand gebaut, mit brüchigen Wänden? Wir brauchen das Haus des Lebens, um darin geschützt und geborgen zu sein, um unser Leben zu hegen und zu entfalten. Wir müssen unsere Leidenschaften zügeln. Wir können nicht Beliebiges tun, was uns Spaß macht. Wir müssen uns den bösen Worten und Taten widersetzen, sonst stören und zerstören wir fremdes Leben.

Es ist gut, wenn wir uns von Zeit zu Zeit im Verzichten üben. Wir müssen nicht alles haben, was andere um uns haben. Und wir müssen nicht alles tun, was andere uns vormachen. Auch wir können das Teilen mit anderen lernen.

Die Übeltäter und die Verleumder haben auf Dauer
keinen Erfolg im Leben.
Sie haben nur kurze Vorteile,
die Strafe holt sie bald ein.
Sie haben viele Plagen in diesem
und im folgenden Leben.
Die böse Tat bringt auf die Dauer keinen Nutzen,
sie schädigt das Leben.
Doch sie bringt den Mitmenschen viele Leiden.
Daher streben wir immer nach dem Guten.

Dhammapada 15f

Impulse

Viele erwarten sich von der unlauteren und bösen Tat das große und schnelle Glück. Sie betrügen Mitmenschen, um zum schnellen Geld zu kommen. Oder sie verleumden ihre Konkurrenten, um in der Karriere nach vorn zu kommen.

Viele stellen ihren Mitmenschen Fallen, um sie überholen zu können. So hat die böse Tat ihre Faszination für viele, sie ist längst salonfähig geworden. Und es ist gar nicht leicht, sie aufzudecken.

Wir sind Meister der Verschleierung und der Selbsttäuschung. Wir sehen, daß viele Übeltäter und Verleumder großen wirtschaftlichen Erfolg im Leben haben, daß sie unter den Menschen sehr angesehen sind.

Dennoch sagen uns unsere Vernunft und unser Gewissen, daß jede böse Tat Leben stört und vielleicht auch zerstört, daß sie tiefe Wunden schlägt. So meidet der weise Mensch aus innerer Überzeugung jede böse Tat. Doch er wird innerlich reich beschenkt. Vor allem, er kommt in der Liebe voran, und das zählt im letzten.

Das Licht der Sterne

Eine Schlange in der Gestalt eines Schiffes
trägt einen Menschen auf dem offenen Meer.
Dies ist ein Bild für unser Leben.
Es sind die Früchte der Tugend,
des Glaubens und der Barmherzigkeit,
die unser Leben auf einem stürmischen Meer
der Zeit tragen.
Es ist die Tugend des Mitgefühls
und des Gewaltverzichts,
die unserem Leben einen Halt gibt.

Jataka II, 111f

Impulse
Das Bild der Schlange hat einen mythischen Hintergrund. Dieses heilige Tier hat heilende Kräfte, es kommt aus der göttlichen Welt. Diese Welt aber gibt uns Halt in den Stürmen des Lebens und der Zeit.
Was trägt uns wirklich in den Stürmen des Alltags? Es sind unsere positiven Einstellungen zum Leben. Es sind unsere guten Worte und Taten, die uns die Richtung geben. Mitgefühl und Barmherzigkeit tragen unser gemeinsames Leben.
Oder suchen wir Halt bei Lüge und Täuschung? Geben wir uns dem Unrecht und der Verleumdung hin, weil viele es so tun? Doch dann wissen wir bald selbst nicht mehr, wo die Lüge ist und wo die Wahrheit.
Unser gemeinsames Leben kann nur gelingen, wenn wir um Nächstenliebe und um Mitgefühl mit den Schwächeren ringen. Wir müssen den Leidenden zu Hilfe kommen, dann haben wir keine Langeweile und keinen Überdruß. Denn wir alle haben Sehnsucht nach Liebe.

Sucht die Freundschaft mit guten Menschen,
die auf dem Weg der Weisheit gehen.
Von ihnen lernt ihr die Gelassenheit,
das Mitgefühl mit allen Leidenden und die innere Ruhe.
Meidet die Freundschaft mit bösen Menschen,
denn ihre böse Tat strömt auf euch über.
Oder aber ihr seid stark genug,
euch dem Bösen zu widersetzen und es zu verwandeln.

Jataka II, 113f

Impulse

Das ist uralte Lebensweisheit, daß wir durch unsere Umwelt und durch Vorbilder geprägt werden. Wir lernen unsere Einstellungen zum Leben und unsere Wertungen von konkreten Bezugspersonen, von Eltern zumeist.

Wenn wir erwachsen werden, können wir selber wählen. Wir können uns für das Mitgefühl und für die Barmherzigkeit entscheiden. Wir können die Nächstenliebe lernen, wir können die Friedfertigkeit einüben.

Doch immer sind wir dem Umgang mit Lügnern und Verleumdern ausgesetzt, immer begegnen wir Fanatikern und Predigern des Hasses. Werden wir genug innere Kraft haben, ihnen zu widerstehen, uns von ihnen abzugrenzen?

Wenn wir uns stark genug fühlen, müssen wir den Lügnern und den Übeltätern widerstehen. Denn wir tragen Verantwortung für unsere Mitwelt und Umwelt, für konkrete Mitmenschen. Keiner lebt für sich allein, keiner ist ein Herr über andere Menschen.

Strebt nach dem Wohlwollen für alle Wesen,
für alle Mitmenschen,
die euch auf eurem Weg begegnen.
Dann schreitet ihr auf dem Weg der Befreiung
des Geistes fort.
Wie das Licht eines starken Sternes ist das Wohlwollen,
das wir den Schwankenden
und den Leidenden entgegenbringen.
So strahlen eure guten Taten auf viele Menschen weiter,
wenn ihr um Mitgefühl mit allen Lebewesen ringt.

Samyutta Nikaya I, 237f

Impulse

Wie das Licht eines starken Sternes sind unsere Taten des Wohlwollens und der Hilfe, die wir armen und leidenden Menschen entgegenbringen. Das sind die vielen kleinen Schritte der Nächstenhilfe und der Nächstenliebe.

Es ist wie ein Licht von oben, das auf uns fällt, wenn es uns gelingt, den Bedrückten zu helfen, den Schwankenden Halt zu geben, die Trostlosen aufzurichten. Es ist das Licht der Geborgenheit, das uns allen zufällt.

Dieses Licht der Liebe fällt auf die Menschen, denen in Not geholfen wird. Aber es fällt auch auf die Helfer, denn sie werden innerlich reich beschenkt. Sie sind mit Recht stolz auf ihr mutiges Tun.

Nun können alle Menschen es lernen, anderen Mitgefühl zukommen zu lassen. Und wir alle haben tägliche viele Chancen, leidenden Menschen um uns wirksam zu helfen. Wir sollten diese Chancen nutzen, denn es geht um das göttliche Licht der Liebe für unsere dunkle und kalte Welt.

Übt euch darin, daß ihr nicht die Geduld verliert.
Geht euren Weg zur Weisheit unbeirrt voran.
Überlaßt euch nicht dem Zorn, der Vieles zerstört.
Verharrt nicht in der Bitterkeit gegenüber
den Mitmenschen,
auch nicht, wenn sie euch verletzt haben.
Schwelgt nicht im Lob, das man euch entgegenbringt.
Haltet euch selbst unter Kontrolle,
denn dies ist der Weg zum Glück.

Samyutta Nikaya I, 238f

Impulse

Unser Leben ist ein großer und gemeinsamer Lernprozeß auf dem Weg zu mehr Liebe und Mitgefühl. Es ist oft ein beschwerlicher Weg, wir brauchen viel Geduld und Ausdauer. Und wir müssen auf viele angenehme Dinge verzichten.

Die Ziele des Weges können wir deutlich erkennen. Wir dürfen uns nicht von unseren Leidenschaften hin und her reißen lassen, wir dürfen uns nicht für erlittene Verletzungen rächen. Wir dürfen einfach nicht Haß aussäen.

Sondern es geht darum, den Krieg der Rache zu durchbrechen, der Dynamik des Bösen Widerstand zu leisten. Und wir haben die Kraft, dies zu tun. Das macht unser Leben spannend, es kommt nicht ohne Schrammen davon.

Wir können die Bitterkeit loslassen. Wir können uns üben, anderen Menschen zu verzeihen, wenn sie uns Böses getan haben. Wir können selbst unseren Gegnern Wohlwollen und Verständnis entgegenbringen. Dazu sind wir fähig, dies ist das Wunder der Liebe in dieser Welt.

Wassertropfen im Teich

Unterschätzt nicht die böse Tat.
Glaubt bloß nicht, daß sie euch nicht treffen kann.
Wie viele Wassertropfen einen Teich anfüllen,
so vergiften viele kleine Taten unser Leben.
Hütet euch vor den bösen Taten,
auch vor den kleinen Vergehen,
denn sie vergiften euer Leben.

Dhammapada 121, 123f

Impulse
Wir meinen oft, eine kleine Lüge sei noch kein großer Fehler, oder ein Diebstahl sei noch keine Katastrophe. Doch leider gewöhnen wir uns schnell an die kleinen Vergehen, sie werden uns dann selbstverständlich.
Und wir vergessen dann sehr schnell, was die Wahrheit war, worin die Ehrlichkeit besteht, wie der Friede möglich ist. Die Übergänge zwischen dem kleinen und dem großen Unrecht sind fließend.
Doch immer werden Mitmenschen verletzt. Wir sollten die Folgen unserer kleinen Lügen und Verleumdungen bedenken. Denn sie vergiften unsere zwischenmenschlichen Beziehungen, Vertrauen wird untergraben.
Doch wir verharmlosen unsere eigenen Fehler und wir täuschen uns gerne selbst. Wir machen uns immer etwas besser, als wir sind. Doch dies ist nicht der Weg der Weisheit und der Erleuchtung, denn viele unserer Bedürfnisse bleiben uns unerfüllt.

Meidet die bösen Taten,
die bösen Gedanken und die bösen Worte.
Denn sie richten immer Schaden an.
Seht, wie ein Händler eine gefährliche Straße meidet,
damit er nicht überfallen und ausgeraubt wird.
Seht, wie die meisten Menschen das Gift meiden,
damit ihr Körper nicht geschädigt wird.
Genauso sollt ihr die bösen Dinge meiden,
denn sie zerstören euer Leben.

Dhammapada 121, 124f

Impulse

Tatsächlich können unsere bösen Gedanken unheilvolle Taten zur Folge haben. Wenn wir über lange Zeit Böses über Mitmenschen denken, kann es sein, daß wir ihnen auch Böses antun, daß wir sie schädigen.

Die großen Kriege unseres Jahrhunderts sind alle von fanatischen Menschen vorausgedacht und geplant worden. Wir sollten nicht die Kraft böser Gedanken und lebensfeindlicher Worte unterschätzen. Beliebigkeit kann es hier nicht geben.

Worte können zum Töten aufrufen, Fanatiker können viele aggressive Mitmenschen zum Kampf mobilisieren. Viele Demagogen fordern sehr subtil zum Zerstören von Leben auf, sie schüren Gewalt und Rache.

Unsere Taten sind dann die letzten Folgen von bösen Gedanken und bösen Worten. So ist es hoch an der Zeit, daß wir uns vor den Lehren der Fanatiker und der Demagogen schützen. Denn zu viele Menschen werden von ihnen in die Gewalt der Zerstörung mitgerissen.

Wenn deine Hand nicht verwundet ist,
dann kannst du das Gift anfassen.
Dann kannst du es entfernen,
dann dringt es nicht in deine Haut ein.
Doch wenn du eine Wunde hast,
dann wird dich das Gift verletzen.
So kannst du der bösen Tat nur widerstehen,
wenn dein Leben gesund ist
und wenn du in der göttlichen Wahrheit
verwurzelt bist.

Dhammapada 121, 124

Impulse

Viele von uns sind heute anfällig für zerstörerische Worte, für fanatische Botschaften, für Programme des Hasses und der Zerstörung. Es sind verletzte und frustrierte Menschen, die solche Botschaften verbreiten und aufnehmen.

Allzu viele sind bereit, solche Programme anzunehmen und sie dann auch in die Tat umzusetzen. Es sind seelisch und körperlich verletzte Personen, die latent dazu bereit sind, das Gift des Hasses weiterzutragen.

Daher muß es genügend Menschen geben, die sich diesem Gift widersetzen können, die es unschädlich halten können. Es muß genügend aufrechte Zeitgenossen geben, die den Botschaften des Hasses offenen Widerstand leisten.

In einer Zeit knapper Arbeitsplätze wird die Bereitschaft zur Rache und zu Gewalt groß. Und immer lassen sich „Feinde" finden, die dann bekämpft werden sollen. Wir müssen heute sehr achtgeben, daß die Saat der Gewalt nicht ganze Landschaften überwuchert.

Entscheidet euch schnell für die gute Tat.
Helft sofort, wenn ihr Menschen seht,
die Hilfe brauchen.
Wartet nicht lange und zögert nicht,
denn sonst findet ihr Ausreden für euer Nichthandeln.
Wendet euch den Armen und Leidenden zu,
wenn ihr ihre Notschreie hört.
Denn wer die helfende Tat verzögert oder aufschiebt,
der verliert das Mitgefühl und wird abweisend.
Daher entscheidet euch schnell für die gute Tat.

Anguttura Nikaya I, 125

Impulse

Wir erleben heute oft Situationen, daß Menschen um uns geschlagen oder verletzt werden, daß Kinder und Jugendliche sexuell mißbraucht werden. Und viele Menschen schauen teilnahmslos zu. Oder sie schauen weg und wollen nichts gesehen und gehört haben.

So ist unsere Lebenswelt sehr kalt geworden, zu viele sind mit der Maximierung ihrer schnellen Lust beschäftigt. Der Instinkt zu gegenseitiger Hilfe ist bei vielen wie ausgelöscht. Das sind gefährliche Situationen.

Nun flüchten viele Menschen aus der realen Welt in virtuelle Welten. Denn dort gibt es nicht den realen Schmerz, dort kann alles simuliert werden. Die Armen und die Leidenden existieren dort nicht wirklich.

Die Gefahr solcher Traumwelten liegt auf der Hand. So wird es dringlich, daß wir uns einmischen müssen, wenn Menschen um uns verletzt werden, wenn Gewalt verbreitet wird. Unser Ort ist immer auf der Seite der Armen und der Leidenden, nirgends sonst.

Die Kraft der Gedanken

Wenn einer Böses getan hat,
dann soll er es nicht wiederholen.
Wenn jemand einen Mitmenschen betrogen hat,
dann soll er es nicht wieder tun.
Denn leicht wird das Böse zur Gewohnheit.
Widerstehe auch deinen Wünschen,
den Mitmenschen Böses zu tun oder sie zu schädigen.
Denn bereits böse Gedanken können
viel Unheil schaffen.

Dhammapada 116f

Impulse
Warum tun wir Menschen einander soviel Böses? Die Gründe und Motive sind unterschiedlich. Die einen wollen auf Kosten der anderen einen Vorteil erreichen, deswegen lügen und betrügen sie.
Andere wollen sich für Verletzungen rächen, die sie irgendwann erlebt haben. Viele tun Böses aus Neid, weil sie das Glück der anderen nicht ertragen können. Sie sind nicht im inneren Gleichgewicht.
Doch wenn wir Böses getan haben, müssen wir es nicht wiederholen. Wir können lernen, die böse Tat zu beenden. Und wir können aus den Fehlern lernen, die wir als solche erkennen.
Es ist wichtig, daß wir den Schaden wiedergutmachen, den wir angerichtet haben. Aber wir können uns entscheiden, auf Rache zu verzichten und den bösen Gedanken zu widerstehen. Wir sind keine Spielbälle unserer Gefühle, wir können sie lenken.

Wenn einer Gutes getan hat,
dann soll er es immer wieder tun.
Wenn jemand einem Leidenden geholfen hat,
und wenn er einem Hungrigen zu essen gegeben hat,
dann wird sein Herz froh.
Wenn jemand einen Verfolgten geschützt hat,
dann wird sein Herz stolz sein.
Denkt gute Gedanken
und wünscht euren Mitmenschen Gutes,
Dann wird euer Herz froh und glücklich.

Dhammapada 118

Impulse

Unser Leben ist ein großer Lernprozeß, er kommt erst mit dem Tod zu Ende. Wir können es in jedem Lebensalter lernen, den Mitmenschen zu helfen. Wenn wir der bösen Tat Widerstand leisten, dann erleben wir ein Stück Lebensglück.

Es ist wichtig, daß wir beginnen, Gutes zu denken und den Mitmenschen Gutes zu wünschen. Denn dann werden wir dieses Gute einmal ausführen. Dann werden wir Bedrückte schützen, dann werden wir Armen zu essen geben.

Wir alle können das Mitgefühl mit den leidenden und den schwächeren Mitmenschen lernen, ob sie schwarz oder weiß sind, ob sie alt oder jung sind. Wir können unsere egoistischen Impulse überwinden und wir können sehr konkret helfen.

Auch die gute Tat entwickelt eine Eigendynamik, sie regt viele Menschen an, auch Gutes zu tun. Wir brauchen Vorbilder, die uns anleiten, den Mitmenschen zu helfen. Gerade in einer egoistischen Lebenswelt wird diese Lebensweisheit sehr wichtig.

Wer sich mit bösen Menschen abgibt,
wird leicht von ihnen angesteckt.
Wer Lügner zu Freunden hat,
wird leicht selber ein Lügner.
Und wer mit Gewalttätern verkehrt,
wird leicht selbst in die Gewalt hineingezogen.
Wer mit besitzgierigen Menschen Umgang pflegt,
wird selber bald nicht genug besitzen können.
Hütet euch daher vor den törichten
und den bösen Menschen.

Anguttara Nikaya I, 125

Impulse

Gewiß werden wir in unseren Einstellungen und Wertungen von unseren Mitmenschen geprägt. Unsere frühen Bezugspersonen im Leben können wir uns nicht aussuchen, sie sind uns vorgegeben durch die Familie, in der wir aufwachsen.

Doch unsere späteren Bezugspersonen können wir uns zum guten Teil selber wählen. Es ist wichtig, daß wir uns vor lebensfeindlichen Menschen schützen, daß wir uns nicht in ihre zerstörerischen Einstellungen hineinziehen lassen.

Wenn wir genügend innere Kraft haben, dann müssen wir uns den bösen Wertungen und Gedanken widersetzen, die Menschen um uns verbreiten. Wir dürfen nicht hinnehmen, daß Mitmenschen um uns herum betrogen und ausgenutzt werden. Wir müssen uns der bösen Tat widersetzen, wo immer wir es können. Denn sie kann viele Menschen mitreißen, sie kann Leben zerstören und töten. Wir wollen aber auf dem Weg der Weisheit Leben erhalten und schützen, wo immer wir dies können. Dies ist der Weg des Mitgefühls und der Erlösung.

Wer sich mit guten
und mitfühlenden Menschen umgibt,
wird leicht angesteckt zur guten Tat.
Wer gewaltlose und friedliche Menschen
zu Freunden hat,
der lernt bald, selber Frieden zu halten.
Wer ehrlichen und aufrichtigen Menschen folgt,
wird selber um die Wahrhaftigkeit ringen.
Daher sucht euch Menschen, die euch auf dem Weg
der Lebensweisheit und der Erleuchtung vorangehen.

Anguttara Nikaya I, 125

Impulse

Auch im Guten gilt, daß wir einander formen und prägen. Wir lernen von liebevollen und mitfühlenden Menschen, wie wir Leidenden und Bedrückten nachhaltig helfen können.

Von Menschen der Versöhnung lernen wir, wie wir uns mit Gegnern aussöhnen können. Wir sind fähig, uns gegenseitig gute Worte und Gedanken zuzusprechen. Wir können uns bestärken, daß wir um Frieden ringen, daß wir der Gewalt widerstehen.

Auch die gute Tat entwickelt ihre innere Dynamik, sie reißt viele Menschen mit. Wir können nur in kleinen und größeren Gemeinschaften die gute Tat einüben und verwirklichen. Als einzelne stehen wir auf verlorenem Feld.

Dies ist die Lebensweisheit des Buddha, daß wir gemeinsam um das Gute ringen müssen, und zwar jeden Tag. Denn es ist möglich, daß wir einander verzeihen, daß wir einander helfen, daß wir einander lieben. Wir müssen nicht hassen und nicht zerstören. Niemand muß sich ein Leben lang rächen.

Die schädlichen Dinge

Es gibt kein Geheimnis auf der Welt für den,
der Böses tut.
Denn er hat das Geheimnis des Anfangs
und des Endes vergessen.
Für ihn gibt es nicht das Leere.
Doch seine bösen Taten möchte er geheimhalten.
Dabei sehen die Götter des Waldes, was er getan hat.
Der Böses tut, hat die Geheimnisse der Welt vergessen.

Jataka III, 18f

Impulse

Können böse Taten vor den Mitmenschen verborgen bleiben? Religiöse Menschen glauben, daß Gott oder viele Götter alles sehen, was Menschen tun. Damit wird das Böse nicht ungestraft bleiben.

Freilich religionslose Menschen glauben an keine göttlichen Richter und Strafen, für sie gibt es keine letzte Instanz. Sie glauben nur an menschliche Kontrolle und Strafe, aber denen können sie entgehen.

Viele sagen, in der postmodernen Vielfalt der Werte sei fast alles möglich, jedes Verhalten sei irgendwie zu rechtfertigen. Für viele verschwimmen die Grenzen zwischen Gut und Böse. Doch diese Beliebigkeit der Werte nutzt nur den Stärkeren. Daher ist es gut, wenn religiöse Menschen an Geheimnisse der Welt und an letzte Werte glauben können. Doch sie müssen diese Werte auch leben. Es steht heute viel auf dem Spiel für unser Zusammenleben.

Das Leben des Törichten und des Bösewichts
scheint einfach zu sein.
Denn er lügt einfach, wenn es ihm Vorteile bringt.
Und er verdrängt andere Menschen,
wenn sie ihm im Wege stehen.
Er ist schlau wie die Krähe und geht in keine Falle.
Frech setzt er sich über alle Regeln des Lebens hinweg.
Doch ist dies wirkliches und gutes
und glückliches Leben?

Dhammapada 244f

Impulse

Auch wir erleben es vielfältig, wie sich Mitmenschen über Recht und Gesetz hinwegsetzen und wie sie das tun, was ihnen nützt. Sie stellen es so klug an, daß ihre betrügerischen Taten gar nicht aufgedeckt werden.

Viele sagen sich, gut sei alles das, was ihnen persönlich nütze. Und die Stärkeren hätten ein „natürliches Recht“, sich durchzusetzen. So leben sie im Stil von Herrenmenschen, das Schicksal der Mitmenschen ist ihnen gleichgültig.

Nun sind aber viele Gauner und Lügner gar nicht unglücklich, sie genießen ihr Leben in vollen Zügen. Ihr Gewissen haben sie längst zum Schweigen gebracht. Sie können nur zynisch lachen, wenn jemand von Moral redet.

Doch es gibt die humanen und mitfühlenden Menschen, die auch und vor allem an das Schicksal der Mitmenschen denken. Es sind die friedvollen und liebenden Menschen, die unsere Lebenswelt lebenswert für alle machen. Dies ist der Weg des Buddha, der vielen Licht bringt ins Leben.

Schwer ist das Leben des weisen
und mitfühlenden Menschen.
Denn er setzt sich ein für alle Mitmenschen,
die bedrängt werden.
Er sagt die Wahrheit und handelt sich dafür
viele Nachteile ein.
Er widersteht der Gewalt und wird dabei oft verletzt.
Er sucht nicht seinen Vorteil,
sondern allein die Gerechtigkeit.
Aber ist dieses Leben wirklich so schwer?

Dhammapada 245

Impulse

Ohne Zweifel ist das Leben des gerechten und des mitfühlenden Menschen nicht einfach. Denn er setzt sich mit vollem persönlichen Risiko konsequent für die Schwächeren ein, er hilft den Armen und den Leidenden.

Dabei nimmt er viele Nachteile und Verletzungen in Kauf. Er sagt den Lügnern öffentlich die Wahrheit ins Gesicht. Er widersetzt sich den Ausbeutern und den Herrenmenschen. Denn er steht auf der Seite der Leidenden.

Nun hassen die Lügner und die stillen Ausbeuter jeden ihrer Kritiker, sie wollen diese unschädlich machen. Und sie haben in der Politik viele Möglichkeiten, es zu tun. So ist der Weg der aufrechten Zeitgenossen immer schwer.

Doch es führt kein Weg an dieser Aufrichtigkeit vorbei, wenn wir eine menschliche Lebenswelt gewinnen oder erhalten wollen. Wir müssen darum ringen, daß möglichst viele den Weg der Gerechtigkeit und der Nächstenliebe gehen. Der Weg des Buddha ist uns eine gute Orientierung.

Die schädlichen Dinge sind leicht zu erreichen.
Denn es ist sehr leicht, zu lügen,
wenn einem dies Vorteile bringt.
Und es ist nicht schwer, seine Macht durchzusetzen,
wenn man der Stärkere ist.
Es ist kein Kunststück, Besitz zu horten,
wenn man seine Mitmenschen betrügt.
Alle schädlichen Dinge, die unser Leben stören,
sind leicht zu tun.
So ist unser Leben.

Dhammapada 163; 176

Impulse
Es ist bis heute so geblieben und wird wohl immer so sein. Man braucht nicht intelligent zu sein, um andere zu täuschen oder zu betrügen. Und man braucht nicht viel Verstand, um seinen Besitz zu mehren.
Man muß nur sein Gewissen zum Schweigen bringen, wenn es Unrecht nicht einfach hinnehmen will. Die Übeltäter sagen, daß ja alle Menschen Lügner seien und daß sie der Mehrheit folgen müßten.
In der Politik ist es nicht schwierig, durch demagogische Reden zu Macht und Einfluß zu kommen. Denn viele Menschen lassen sich gerne täuschen, sie lassen sich allzuleicht Traumwelten vorspiegeln.
Die Banalität des Bösen drückt uns zu Boden, doch wir müssen uns der Lüge mit aller Kraft widersetzen. Denn sonst setzen sich die Stärkeren brutal über die Schwächeren durch. Der Buddha aber steht entschieden auf der Seite der Leidenden und der Bedrückten.

Das gute Wort

Die nützlichen Dinge des Lebens sind schwer zu tun.
Es ist nicht einfach, den Mitmenschen zu helfen,
wenn sie in Not sind.
Und es ist sehr hart, sich für die Verfolgten einzusetzen
und dabei selber die Verfolgung zu riskieren.
Es ist schwer, die Wahrheit zu sagen,
wenn sie uns Schaden bringt.
Die nützlichen Dinge des Lebens sind schwer zu tun.

Dhammapada 163, 176

Impulse

Warum ist es so schwer, unter den Mitmenschen Frieden zu stiften, wenn Streit ausgebrochen ist? Warum fällt es uns nicht leicht, daß wir uns für Bedrückte und Verfolgte einsetzen?
Gewiß, wir müssen innerlich sehr stark sein, um Lügnern widerstehen zu können, um Gewalttätern Widerstand zu leisten. Wir müssen viel Lebenskraft haben, um Leidenden wirklich helfen zu können.
Und um diese innere Lebenskraft müssen wir immer erst ringen. Sie kommt uns nur aus einer Gemeinschaft von gleichgesinnten Menschen. Wir müssen uns bei mitfühlenden Menschen geborgen fühlen können, damit wir anderen nachhaltig helfen können.
Als Einzelkämpfer sind wir auf verlorenem Feld. Daher ist es gut, wenn wir uns zu Gemeinschaften zusammenschließen, die ähnlich denken und handeln wollen. Das ist die Gemeinschaft derer, die auf dem Weg der Erleuchtung um mehr Menschlichkeit ringen.

Die bösen Taten vermehren sich sehr schnell.
Denn wer lügt, ist schnell auch bereit, zu stehlen.
Und wer stiehlt, wird schnell auch zum Räuber.
Und wer raubt, der kann auch fremdes Leben töten.
Wer nicht an die ewige Vergeltung glaubt,
kann fast jede böse Tat begehen.
Für ihn ist das Leben beliebig.
Doch hüten wir uns vor der bösen Tat.

Dhammapada 163, 176

Impulse

Jede böse Tat beginnt mit kleinen Verfehlungen. Diese vermehren sich und entfalten eine Dynamik der Zerstörung. Jeder große Verbrecher hat einmal klein angefangen, Gesetze zu übertreten.

Auch Hitler, Stalin, Mao Tse-tung haben einmal mit ihrem Haß klein angefangen. Am Anfang der Verbrechen steht immer die Verachtung und Abwertung der Mitmenschen. Dann kommt der unbedingte Wille zur Macht über die anderen, und zuletzt der Zwang zur Zerstörung von Leben.

Verbrecher wollen nicht, daß andere Menschen glücklich leben können, weil sie selber von inneren Konflikten zerrissen werden. Sie sind die großen Täuscher und Verführer, denn sie spielen uns edle Ziele vor.

Wir müssen auf der Hut sein und dürfen uns nicht von Demagogen täuschen lassen. Denn die großen Verbrechen der Vergangenheit sind jederzeit wieder möglich. Es ist wichtig, daß wir uns im Weg der Erleuchtung und der Erlösung verwurzeln.

Das gute Wort ist wie eine Blume, voll Duft und Farbe.
Sie duftet nur für den,
der nach dem guten Wort handelt.
Gute Worte können auch leer sein,
wenn niemand nach ihnen lebt.
Wir können einander mit vielen schönen Worten täuschen.
Lebensweisheit besteht nicht in den schönen Worten,
sondern in der gelebten Tugend.

Dhammapada 52f

Impulse

Auch wir schätzen das gute Wort der Mitmenschen, die es ehrlich mit uns meinen. Wir können mit unseren Worten ehrlich Mitgefühl und Hilfsbereitschaft ausdrücken. Doch dann müssen wir das auch tun, was wir sagen.

Aber unsere Worte können auch leer sein. Wir können einander Tröstliches sagen, das nicht wirklich tröstet. Daher sollten wir vorsichtig mit der Sprache umgehen, zu große Worte schaden dem Gespräch.

Vor allem religiöse Menschen neigen dazu, viel zu schöne und zu große Worte zu benutzen. Viele ihrer Worte sind nicht durch reale Lebenserfahrung gedeckt. Deswegen haben sie wenig Überzeugungskraft.

Doch liebende Menschen gehen sparsam mit den Worten um, sie sind vorsichtig in der Sprache. Sie sagen nur, was sie wirklich erleben und was sie wirklich tun wollen. Leere Versprechungen helfen uns gar nicht. Zu dieser Weisheit des Lebens sind wir eingeladen.

Die guten Taten von Menschen sind wie Blumenkränze,
die duften.
Sie sind der wahre Schmuck unseres Lebens.
Versuchen wir daher, einander Gutes zu tun,
einander zu helfen, einander zu lieben.
Lernen wir das Mitgefühl mit allen Wesen,
mit den nächsten Mitmenschen zuerst.
Halten wir Frieden mit allen,
verzichten wir auf den Zorn und die Rache.
Dann sind wir auf dem guten Weg.

Dhammapada 53

Impulse

Auch für uns heute sind die guten und liebevollen Taten der wahre Schmuck unseres Lebens. Sie geben unserem Leben Bedeutung, sie richten andere Menschen auf und geben ihnen Raum zur Entfaltung.

Wir alle sind zu liebenden und mitfühlenden Taten fähig, wir können uns einüben in die Nächstenhilfe in vielerlei Form. Denn wir sind von anderen Menschen geliebt worden und werden weiterhin geliebt.

Jeder von uns hat Liebesfähigkeit in sich, jeder kann ein Stück davon entfalten. Niemand muß ein Leben lang bei seinen seelischen Verletzungen bleiben. Niemand muß auf Dauer hassen, wenn er es nicht will.

Wir können Verantwortung für unser Leben übernehmen, wir können unsere alten Verletzungen loslassen. Dann aber werden wir fähig, anderen zu helfen, die unsere Hilfe brauchen. Es ist der Weg der allgemeinen Liebe, den uns der Buddha vorzeichnet.

Die friedliche Gesinnung

Wenn du einem Menschen feindlich gesinnt bist,
dann kannst du nicht eng mit ihm zusammenleben.
Wenn du zu einem Menschen voll Mißtrauen bist,
dann kannst du nicht sein Freund sein.
Wenn du nur die Mängel deiner Mitmenschen siehst,
dann kannst du nicht bei ihnen geborgen sein.
Ein wahrer Freund ist der,
an dessen Brust man ohne Angst ruhen kann.

Jataka 191f

Impulse
Wir haben alle Mängel und Defizite in unserem sozialen Leben. Kein Mensch kann perfekt die Erwartungen seiner Mitmenschen erfüllen. Doch wir können uns gegenseitig viele Mängel ausgleichen, wenn unsere Grundeinstellung zum Leben positiv ist.
Wie kommt es überhaupt, daß wir einem Mitmenschen feindlich gesinnt werden? Meist geschieht es, wenn er uns enttäuscht oder verletzt hat, oder wenn wir ihn um etwas beneiden.
Manche lernen in ihrer frühen Lebensgeschichte eine ablehnende Haltung gegenüber ihren Mitmenschen. Wir können solche Grundeinstellungen später verändern, doch es ist ein mühsamer Weg.
Zunächst müssen wir versuchen, diejenigen in ihrer Lebensgeschichte zu verstehen, die uns feindlich gesinnt sind. Wenn wir die Ursache erkunden, dann können wir ihnen helfen, ihre Feindschaft abzulegen. Denn wir können einander viele Wunden heilen.

Wer sich in guten Taten übt,
die Wohlergehen für die Zukunft bringen,
wer die Tugend des Schenkens pflegt,
wer die innere Ruhe sucht
und die Liebenswürdigkeit zu allen Mitmenschen,
denen er begegnet, der ist auf dem Weg zur Weisheit
und zur Glückseligkeit.

Itivuttaka 15f

Impulse
Uns allen geht es um gelingende Beziehungen zu unseren Mitmenschen. Doch warum mißlingen uns so viele Beziehungen? Es liegt nicht nur an den anderen, es liegt auch an uns selber.
Folglich ist es sinnvoll, daß wir um eine gute Einstellung zu den Mitmenschen ringen. Es ist gut, wenn wir sagen können: Wir selber sind in Ordnung, und unsere Mitmenschen sind es auch.
Aus dieser positiven und offenen Grundeinstellung heraus wird es möglich, auf andere zuzugehen, sie zu beschenken und sich beschenken zu lassen. Wir können uns üben, jedem Mitmenschen mit Offenheit und Mitgefühl zu begegnen.
Wo uns in vielen kleinen Schritten diese Form der Nächstenliebe gelingt, dort wird unser Leben von innen her reich. Und wir finden eine innere Ruhe und Gelassenheit, die uns voll Hoffnung und Zuversicht in die Zukunft sehen läßt.

Wer nach innerer Ruhe strebt und nicht von seinen
Wünschen hin und her gerissen wird,
wer seinen Mitmenschen und allen Wesen
voll Mitgefühl begegnet,
wer Mitleid hat mit allen Leidenden,
der ist ein weiser Mensch.
Und wer es gelernt hat,
seinen Besitz mit Armen zu teilen,
und wer sich in der Gerechtigkeit übt,
der ist ein Vorbild für seine Mitmenschen.
Er kommt dem Glück des Lebens sehr nahe.

Itivuttaka 16f

Impulse

Wir alle können unsere zwischenmenschlichen Beziehungen verbessern, wie jung oder alt wir auch sein mögen. In jeder Lebensphase können wir es lernen, offener auf andere Menschen zuzugehen.

Doch Offenheit macht uns auch verletzbar, wir müssen uns immer auch schützen. Es geht darum, daß wir unsere eigenen Erwartungen und die Erwartungen der Mitmenschen realistisch zu sehen beginnen.

Dann werden uns die genannten Zielwerte der Lebensweisheit erreichbar. Denn auch wir können einen Teil unseres Besitzes an Arme geben. Auch wir können Leidenden um uns helfen, wir können Bedrückte aufrichten.

Uns allen ist es möglich, anderen Menschen um uns Zeit und Mitgefühl zu schenken. Wir können uns einander zuwenden, wir können Frieden stiften, wir können Leiden vermindern. Warum tun wir es so selten?

Ihr Mönche und Nonnen,
hegt keine Haßgefühle gegen Verbrecher,
auch wenn sie euch Böses getan haben,
auch wenn sie euch am Körper
und an der Seele verletzt haben.
Denn der Haß bindet eure Lebenskraft,
doch er hilft weder euch, noch dem Übeltäter weiter.
Ringt um Verzeihenkönnen und lernt es,
eure Verletzungen loszulassen.

Majjhima Nikaya I, 229

Impulse

Es ist unglaublich schwer, Haßgefühle zu überwinden, wenn wir von Mitmenschen verletzt oder ausgenutzt worden sind. Es wird umso schwerer, wenn die Verletzungen über lange Zeit gedauert haben.

Die Impulse zur Rache scheinen uns biologisch angeboren zu sein, denn auch Tiere reagieren ähnlich auf Verletzungen. Doch wir Menschen können mit unserem Verstand unsere Biologie kultivieren und überhöhen.

Wir können es tatsächlich lernen, auf Haß und Rache zu verzichten. Doch dies ist ein langer und harter Weg. Der Haß bindet in uns viel positive Lebenskraft, und er wirkt nach vielen Seiten zerstörend.

Es ist sinnvoll, um Vergebung und Verzeihung zu ringen. Doch es muß eine ehrliche Aufarbeitung der Schuld beim Täter geben, wenn möglich auch Wiedergutmachung. Dann müssen wir nicht hassen und zerstören, auch wenn wir schwer verletzt wurden.

Der schnelle Gewinn

Wir dürfen auch denen nichts Böses wünschen,
die uns Böses angetan haben.
Laßt eure Gedanken nicht verwildern.
Wir dürfen über andere nichts Böses sagen,
auch wenn sie uns verletzt haben.
Denn böse Worte entwickeln eine gefährliche Kraft.
Wir dürfen unseren Gegnern nichts Böses antun.
Dies ist der Weg der Weisheit.

Majjhima Nikaya I, 129

Impulse
Es ist ein langer und harter Weg der inneren Überwindung, bis wir soweit sind, daß wir unseren Haß loslassen können, daß wir anderen wirklich verzeihen können. Doch müssen die Täter ihre Fehler erkennen und um Vergebung bitten.
Es geht nicht an, daß wir uns permanent von anderen verletzen oder abwerten lassen. Wir müssen den Übeltätern Widerstand leisten, damit sie ihre Fehler erkennen und sich ändern. Denn sie müssen den Schmerz der Verletzten sehen. Wenn sie bereit sind, ihr Fehlverhalten zu ändern, dann ist es an der Zeit, ihnen zu vergeben. Doch wir müssen sie zwingen, ihre Fehler wahrzunehmen und davon abzulassen.
Aber der Weg der Rache führt uns nicht weiter, er verstrickt uns nur in einen Kreis der Zerstörung. Das sagen uns unsere Vernunft und die Erfahrung vieler Menschen vor uns. Doch wir müssen unser Leben vor jedem Täter ausreichend schützen.

Wir wollen auch unseren Gegnern freundlich
und mitfühlend begegnen.
Laßt euch nicht durch Haß und Groll
hin und her reißen.
Es ist möglich, in kleinen Schritten
die ganze Welt durch mehr Liebe heller zu machen.
Es ist möglich, Feindseligkeit und Mißgunst
durch Freundlichkeit zu überwinden
und aufzubrechen.

Majjhima Nikaya I, 129

Impulse

Das Ziel der Feindesliebe wurde in vielen Kulturen erkannt und auch formuliert. Dies nicht allein in der jüdischen und christlichen Welt. Es ist ein Idealziel, von dem wir immer weit entfernt sind.

Doch diesem Ziel näherzukommen, kostet uns viel Überwindung. Es widerspricht unserem biologischen Erbe, aber es entspricht unserer vernünftigen Erkenntnis. Es ist real möglich, diesem Ziel näherzukommen.

Unsere Lebenserfahrung sagt uns, daß wir nur durch Versöhnung der Gegner friedlich zusammenleben können. Wir müssen beginnen, den Feind und Gegner zu verstehen, warum er feindlich und zerstörend geworden ist.

Dann wird es uns möglich, auf Feinde und Gegner zuzugehen und sie auf ihr Fehlverhalten aufmerksam zu machen. Doch wir müssen uns dabei hinreichend schützen. Und wir benötigen dabei immer die Unterstützung von mitfühlenden Mitmenschen. Versöhnung ist möglich, zu jeder Zeit.

Ihr Männer, meidet die Ehefrauen anderer Männer,
paart euch nicht mit ihnen.
Denn das hat viele Schuldgefühle und Strafen zur Folge.
Der Bruch einer Ehe schädigt euer Leben
und bringt euch um den ruhigen Schlaf.
Er macht auch den Frauen Angst,
denn sie haben strenge Strafen zu befürchten.

Dhammapada 309f

Impulse

Der Schutz der Ehe ist in jeder Kultur ein hoher Wert. Wo die Männer dominant sind, strafen sie die Frauen, mit denen sie die Ehe brechen. Denn sie sehen die Frauen meist als ihren Besitz an.

Auch heute ist es ein hoher Wert, daß wir Partnerschaften achten und nicht wild in sie einbrechen. Das gilt für beide Geschlechter, auch wenn wir heute viel flexibler geworden sind. Wir haben heute die Möglichkeit, Partnerschaften zu beenden und neue Beziehungen zu beginnen. Freilich sollten wir dabei ehrlich um ein gegenseitiges Einverständnis ringen.

Es ist zutiefst unfair, in fremde Beziehungen einzubrechen und Partnerschaften zu stören. Wir sollten lernen, die Grundregeln des gegenseitigen Respekts zu achten. Denn wir haben Sehnsucht nach bleibenden und gelingenden Beziehungen.

Ich war auf der Jagd nach Glück,
ich ließ meinen Leidenschaften freien Lauf.
Und ich habe andere Menschen geschädigt,
um schnellen Gewinn zu haben.
Doch ich fand nicht die Ruhe des Geistes,
ich war betrübt bei Tag und Nacht.
Da ergriff ich eine Schnur und meditierte.
Und ich verstand,
daß ich meine Leidenschaft zügeln mußte.

Theragatha 78-81

Impulse

Unsere Jagd nach dem großen Glück ist heute hektisch geworden. Menschen im Überfluß wollen immer mehr an Besitz und Reichtum, sie wollen ihr Leben noch intensiver genießen. Sie lizitieren um ihr vermeintliches Glück.

Doch wenn wir genau hinsehen, dann schädigen wir viele Mitmenschen, wenn wir primär und begierig nach Besitz und Reichtum aus sind. Dann bleiben nämlich viele Menschen um uns auf der Strecke. Sie leben dann an der Armutsgrenze oder unter dieser.

Auch in unserer Zeit der Beliebigkeit müssen wir unsere Leidenschaften zügeln, wenn wir friedvoll miteinander leben wollen. Wir können uns auch nicht jeden erotischen und sexuellen Wunsch befriedigen, wenn er andere Menschen verletzt.

Es ist die Gefahr groß, daß wir uns gegenseitig ausnutzen, statt einander zu ergänzen. Viele unserer Beziehungen sind tief gestört, die Befriedigung unserer ursprünglichen Bedürfnisse hält sich dabei sehr in Grenzen.

Hirschkuh und Löwe

Wie ein Fluß ohne Wasser ausgetrocknet ist,
wie ein Reich ohne König nicht gedeihen kann,
so kann eine Frau ohne einen Mann nicht blühen.
Ebenso kann ein Mann ohne eine sinnliche Frau
sein Leben nicht entfalten.
Da helfen uns keine Brüder und keine Schwestern.

Jataka I, 306f

Impulse
Auch wir ringen heute intensiv um gute und gelingende Beziehungen zum anderen Geschlecht. Wir üben uns in Selbsterfahrung und Selbsthilfe, zumeist in Gruppen, um unsere Partnerbeziehungen zu verbessern.
Sinnlichkeit ist das wunderbarste Geschenk des göttlichen Schöpfers. Die meisten Männer sind auf die Frauen hingeordnet, sie brauchen den weiblichen Körper und die weibliche Seele. Ebenso brauchen die meisten Frauen die Männer zu ihrer vollen Entfaltung.
Freilich gibt es Ausnahmen. Es gibt Frauen und Männer, die homoerotisch veranlagt sind. Doch auch sie brauchen Liebespartner, auch sie ringen um gute und gelingende Beziehungen, damit ihr Leben gelingen kann.
In den meisten von uns ist eine tiefe Sehnsucht nach dem anderen Geschlecht. Wenn uns der seelische Austausch gelingt und wenn wir sinnliche Erotik leben können, dann beginnt unser Leben zu blühen. Denn die Liebe ist unsere innere Lebenskraft.

Woher kommt der Durst nach Leben,
die Begierde nach Besitz, der Wunsch nach Genuß?
Er kommt von den schönen Dingen des Lebens,
mit denen wir uns verbinden.
Wir dürfen sie genießen,
aber wir sollen nicht unsere Herzen an sie binden.
Denn sonst entkommen wir nicht
dem Kreis der Geburten.

Digha Nikaya II, 308

Impulse

Auch wir hängen unser Herz an die schönen Dinge des Lebens: an Autos, an Häuser, an Schmuck und Edelsteine, an Wertpapiere und Aktien, an Mode und Kleider. Und wir freuen uns all dieser Dinge, die uns geschenkt werden.

Wir dürfen diese Dinge genießen, sie verschönern unser Leben. Doch das sollen nicht unsere einzigen oder primären Lebenswerte sein. Denn sonst wird unser Leben von innen her sehr arm und dürftig.

Es ist wichtig, daß wir gute Beziehungen zu unseren Mitmenschen leben, daß wir unseren Überfluß mit Armen und Notleidenden teilen können. Denn auch andere Menschen haben das Bedürfnis nach einem gelingenden Leben.

Doch im Tod müssen wir all unseren Besitz zurücklassen. Daher ist es gut, wenn wir uns rechtzeitig darin üben, unsere Besitzstücke loszulassen. Wir können sie an andere Menschen weitergeben und ihnen Freude machen.

Vertraue keinem Menschen blind, ohne ihn zu prüfen.
Du weißt nicht, ob er zuverlässig ist
oder ob er ein Lügner ist.
Vertraue nicht den schönen und süßen Worten,
sie können dir viel Schaden bringen.
Sei wie eine Hirschkuh,
die sich vor dem Löwen zu schützen weiß.

Jataka I, 387f

Impulse

Auch wir sind oft leichtgläubig, wir lassen uns von Menschen mit schönen Worten und Augen täuschen. Wir lassen uns etwas vorspielen und fallen zu oft den geschickten Lügnern hinein. Schöne Versprechungen betören uns, wir hören sie gerne.
Doch wir sollen den vorsichtigen Umgang mit fremden Menschen lernen. Denn wir müssen unser Leben einfach schützen, wir sind verletzbar. Und es gibt immer Menschen um uns, die Böses sinnen, weil sie sich für Verletzungen rächen wollen.
In Indien weiß man um das Bild der Hirschkuh, die sich und ihre Jungen vor den Löwen zu schützen weiß. Ähnlich sollen auch weise Menschen sich vor Lügnern und Gewaltmenschen in acht nehmen.
Wir sollen uns nicht gutgläubig täuschen lassen. Und wir sollen auch nicht andere Menschen um uns täuschen. Es ist unfair, ihnen etwas vorzuspielen, was nicht der Fall ist. Wir alle können in Ehrlichkeit und Wahrhaftigkeit leben.

Wunderbar sind die Wälder und Wiesen,
an denen törichte Menschen
aber kein Wohlgefallen haben.
Die Wiesen sind voller Blumen und Blüten,
in ihnen sind tiefe Geheimnisse verborgen.
Doch die törichten Menschen suchen nur
die schnellen Sinnenfreuden,
sie können die stille Schönheit nicht genießen.

Dhammapada 99

Impulse

Weise Menschen können sich an den vielen Schönheiten der Natur innig freuen, denn sie fühlen sich mit ihr verwandt. Sie sind glücklich über die blühenden Wiesen und über die kleinen Dinge des Lebens, die sie begleiten.

Doch törichte Menschen brauchen immer stärkere sinnliche Reize, sie können die natürlichen Schönheiten des Lebens gar nicht mehr richtig wahrnehmen. Sie sind der Natur entfremdet, sie gieren nach Erregung und nach Geschwindigkeit.

So leben heute viele unter ständiger Reizüberflutung, andere sind abhängig von sinnlicher Berauschung. Zu viele nehmen Drogen, um verdrängten Schmerz der Seele zu betäuben. Sie schädigen ihr Leben dauerhaft. Gibt es Auswege?

Es ist heute hoch an der Zeit, daß wir wieder die kleinen Dinge des Lebens entdecken. Auch wir können lernen, die Blumen zu sehen und uns an ihnen zu freuen, auch wenn sie unscheinbar sind. Die Wunder der Natur liegen in den kleinen Dingen, nicht in der lärmenden Berauschung.

Das Ende der Bindungen

Wer seine Sinne beherrschen und lenken kann,
wie ein Wagenlenker die Pferde lenkt,
der ist auf dem guten Weg.
Denn der meidet den Stolz,
er läßt sich von Lügnern nicht beirren.
Auch will er niemanden täuschen.
Und er verschließt sich nicht den Mitmenschen,
die ihm begegnen.
Seinen Lebensweg preisen sogar die Götter.

Dhammapada 94

Impulse

Auch wir können heute unseren sinnlichen Impulsen und Leidenschaften nicht einfach freien Lauf lassen. Das würde unvorstellbare Konflikte mit den Mitmenschen ergeben, wir würden einander sehr grausam verletzen.

Wir haben in unseren Kulturen gelernt, daß wir unser Leben mit der Vernunft steuern müssen. Sie ist ein wunderbares Geschenk der Natur. Wie ein Wagenlenker kann die Vernunft unser Leben ordnen und leiten.

Mit unseren egoistischen Leidenschaften würden wir uns gierig aufeinanderstürzen, die Stärkeren würden die Schwächeren unbarmherzig ausnutzen. Ungeordnete Sexualität würde viel Leben zerstören, Chaos wäre die Folge.

Wir sollten Ehrfurcht haben vor den Errungenschaften unserer Kulturen. Und wir sollten lernen, unser Leben zu entfalten, ohne Mitmenschen zu schädigen. Dabei sollen unsere Gefühle und unser Verstand im Gleichgewicht sein. Darin besteht die alte und neue Weisheit des guten Lebens.

Bindet euch nicht an das Angenehme und Lustvolle.
Doch bindet euch auch nicht an das Leidvolle
und Bedrückende.
Lernt vielmehr, beides loszulassen,
wenn es an der Zeit ist.
Kettet euch nicht wie Sklaven an das Schöne.
Doch kettet euch auch nicht an das Leiden.
Alles ist im Wandel, beides vergeht.

Dhammapada 210f

Impulse

Buddhisten wählen den Weg der Mitte zwischen extremer Askese und übertriebener Lust. Sie können sich an Sinnlichkeit und Sexualität intensiv freuen, diese sind ihnen sogar Vorstufen zur Erleuchtung.

Doch sie wollen sich nicht an Sinnlichkeit und Lust ketten, denn diese sind vergänglich. So lernen sie, das Lusterlebnis wieder loszulassen, wenn es an der Zeit ist. Sie bleiben innerlich frei in ihren Entscheidungen.

Wenn sie die Askese üben, dann wollen sie lernen, zeitweise auf die schönen Dinge des Lebens zu verzichten. Danach können sie sich umso intensiver darüber freuen, denn sie wissen, was ihnen gefehlt hat.

So ist das Wechselspiel zwischen intensivem Genießen und zeitweiligem Verzicht sehr sinnvoll. Wir bleiben innerlich frei und wir wissen um die Vergänglichkeit des Lebens. Was aber bleibt, sind unsere persönlichen Beziehungen der Liebe.

Bindet euch nicht für immer,
denn alle unsere Beziehungen vergehen.
Wer sich an die Freuden bindet, dem tut es weh,
wenn er die Freuden loslassen muß.
Wer sich an geliebte Menschen bindet,
der leidet sehr bei jedem Abschied, der nötig ist.
Daher lernt es, rechtzeitig alle Bindungen
und eure Mitmenschen loszulassen.

Dhammapada 212

Impulse

Wir alle streben nach dauerhaften Beziehungen. Denn wir haben den Wunsch, daß unsere Freundschaften und Partnerschaften lange dauern mögen, daß sie gar nicht zu Ende kommen.

Nun gelingen uns tatsächlich viele Beziehungen, bis der Tod uns scheidet. Doch das ist ein Geschenk des Lebens. Aber viele Beziehungen kommen vorzeitig zu Ende, weil sie zerstörerisch werden. Dann tut der Abschied uns sehr weh.

Wir können einander lange begleiten, solange wir uns ergänzen können. Doch für viele gibt es Grenzen, die sie nicht überspringen können. Dann müssen sie lernen, fair voneinander Abschied zu nehmen.

Wir können einander nicht besitzen, denn jeder Mensch ist ein freies Wesen. Und im Tod müssen wir endgültig voneinander Abschied nehmen. Daher sollten wir auch in unseren Beziehungen das Loslassen lernen und einüben.

Schau her, unser Leben ist eine Ansammlung
von vergänglichen Zuständen.
Wer sich an seine Leidenschaften bindet
und sich darin verfängt,
der gleicht einer Spinne,
die ihrem eignen Netz nicht entkommen kann.
So lösen die weisen Menschen alle Bindungen,
wenn es an der Zeit ist.
Sie lassen den Schmerz der Trennung hinter sich.

Dhammapada 284

Impulse
Viele Trennungen im Leben drücken uns zu Boden. Oft glauben wir, daß wir allein gar nicht weiterkönnen. Doch wie können wir den Schmerz der Trennung vermindern? Was richtet uns auf, wenn wir allein sind?
Unser Leben hat Grenzen, die wir nicht überspringen können. Deswegen kommen viele unserer Beziehungen einmal zu einem Ende. Das tut uns weh und wir wehren uns dagegen. Oder wir täuschen uns selbst, daß es nicht so sei.
Buddhisten betonen die Vergänglichkeit aller Erfahrungen. Auch unsere Bewußtseinszustände verändern sich. Doch es bleiben uns die Erinnerung und das Gedächtnis. Es bleibt uns ein Kern unserer Person erhalten.
Auch wir sollten rechtzeitig die Begrenztheit unseres Lebens und unserer Beziehungen erkennen. Dann bleibt uns viel Leiden erspart, und wir verletzen andere Menschen nicht. Zum guten Leben gehört es, die eigenen Grenzen annehmen zu können.

Die Beute des Falken

Beschneide deine Liebe zu dir selbst,
sowie du im Herbst die Lotosblumen beschneidest.
Folge dem Weg des Friedens,
den der Buddha uns verkündet hat.
Mache dir keine zu großen Sorgen um dein Leben,
denn einmal mußt du alles loslassen, was du besitzt.
Binde dich nicht zu fest an Güter und an Menschen.
Dann wirst du innerlich frei leben können.

Dhammapada 286

Impulse

Gewiß, wir brauchen ein gutes Maß an Selbstliebe. Denn wir müssen unser Leben annehmen können, wie es ist. Und wir müssen auch das Leben der Mitmenschen annehmen, denn sie sind uns geschenkt.

Viele neigen heute zu übertriebener Selbstliebe. Sie leben als Narzisse und können die Nöte und die Bedürfnisse ihrer Mitmenschen gar nicht mehr sehen. Diese übertriebene Selbstliebe müssen wir korrigieren, sie tut uns nicht gut.

Wir machen uns Sorgen um unser Leben, um unsere Gesundheit, um unseren Beruf. Das ist wichtig und gut. Doch ein Zuviel an Sorgen kann den Fluß des Lebens behindern, es kann uns geistig und seelisch lähmen.

Daher sollten wir lernen, auch unsere Sorgen loszulassen, oder sie zu vermindern. Wenn wir um die Vergänglichkeit der Dinge wissen, werden wir sie nicht krampfhaft festhalten. Es ist eine Zeit zu geben, und eine Zeit zu nehmen.

Suche die Quelle deines Durstes nach Besitz und Genuß.
Schau hin auf diese Quelle und lerne dann,
sie loszulassen.
Viele Menschen laufen begierig
dem schnellen Genuß nach.
Doch sie sind wie Hasen,
die in die Falle der Jäger laufen.
Sie schaffen sich viele Fesseln und viele Leiden.

Dhammapada 342

Impulse

Die buddhistischen Lehrer haben einen asketischen Ursprung, der ist nicht zu übersehen. Denn es waren Wanderasketen, die keinen Besitz hatten, die die frühen Lehren formuliert haben. Wir haben das natürliche Bedürfnis, etwas zu besitzen, das wir zum Leben brauchen. Dies gehört zu unserem biologischen Erbe, wie wir aus der Beobachtung der uns verwandten Tiere erkennen können.

Doch wir können unser biologisches Erbe kultivieren. Wir müssen uns nicht wie Sklaven an Besitzstücke hängen. Wir können die Güter des Lebens genießen und sie gleichzeitig mit unseren Mitmenschen teilen.

Dann können wir uns gemeinsam der schönen Dinge des Lebens freuen. Was wir heute in der Welt des Überflusses lernen sollten, ist die Fähigkeit, die vielen Güter gerecht zu verteilen. Denn wir tragen Verantwortung für unsere Mitmenschen. Dies ist der Weg der Weisheit und der Erleuchtung.

Solange ein Falke eine Beute bei sich hat,
kommen die anderen Falken
und wollen ihm die Beute rauben.
Sie verletzen ihn dabei mit dem Schnabel.
Wenn er die Beute losläßt, verletzen sie ihn nicht mehr.
Wenn wir unsere Begierden nach Besitz
und Reichtum loslassen,
dann werden unsere Leiden weniger.

Jataka III, 100f

Impulse

Raubtiere kämpfen um ihre Beute, die sie zum Überleben brauchen. Ähnlich kämpfen viele Menschen um Besitz und Reichtum, um Macht und Ansehen. Und sie verletzen dabei viele Mitmenschen und schaffen unermeßliches Leiden.

Doch bei uns Menschen muß das nicht so sein, wir müssen uns nicht wie Raubtiere verhalten. Vielmehr können wir die Güter der Welt mit Vernunft und Augenmaß so verteilen, daß allen genug zum Leben bleibt.

Wir können die Ressourcen der Erde so verteilen, daß niemand hungern muß, daß alle Menschen in Sicherheit leben können. Doch wir sind weit davon entfernt, dies zu verwirklichen. Denn zuviele Menschen leben wie Raubtiere.

Der Buddhismus kann uns helfen, eine andere Gesinnung zu lernen. Wir müssen uns nicht von der Gier nach Besitz und Reichtum bestimmen lassen. Ein brutaler Kapitalismus muß nicht die einzige Weltreligion der Zukunft werden. Wir haben viele Alternativen, um gut und glücklich leben zu können.

Süß sind die Früchte einer Hoffnung,
die sich verwirklicht.
Doch wer auch seine Hoffnung loslassen kann,
der lebt in Frieden.
Jede Begierde bringt uns Leiden.
Und jedes Loslassen der Begierde
bringt uns inneres Glück.
Wer den inneren Frieden erlangt hat,
verursacht keinen Schaden mehr.
Er schädigt sich nicht selbst
und auch nicht seine Mitmenschen.

Jataka III, 102f

Impulse

Wir alle brauchen ein Stück Hoffnung, sonst können wir nicht weiterleben. Liebende hoffen, daß ihre Liebe nie zu Ende kommen möge. Wie ein Stück Brot so brauchen wir Hoffnung, um leben zu können.

Wenn wir glücklich sind, hoffen wir, daß unser Glück lange dauern möge. Und wenn wir leiden, hoffen wir, daß der nächste Tag erträglicher sein werde, daß wir gesund werden können.

Buddhisten versuchen, die Inhalte ihrer Hoffnung zu relativieren. Wir sollen nicht an fixen Zielen hängen, die wir erhoffen. Sonst könnten wir sehr enttäuscht werden.

Auch wir können es lernen, das Leben geschehen zu lassen, wie es kommt. Wir müssen nicht an unseren Erwartungen hängen. Denn Vieles kommt ganz anders, als wir es erhoffen. Auch mit den Überraschungen des Lebens sollten wir gut umgehen können.

Der Fluß des Lebens

Kein Feuer ist heißer als die Leidenschaft.
Kein Netz ist dichter als die Täuschung.
Kein Fluß ist reißender als die Begierde.
Doch wahrhaft glücklich ist nur,
wer seinen Besitz loslassen kann.
Wer die Leidenschaft, die Täuschung
und die Begierde loslassen kann,
der ist auf dem Weg der Erleuchtung.

Dhammapada 251

Impulse

Wir alle werden vom Fluß des Lebens getragen, Leidenschaften spielen darin eine wichtige Rolle. Männer lieben mit Leidenschaft ihre Frauen und finden bei ihnen die Erfüllung vieler ihrer Wünsche und Bedürfnisse.

Und Frauen lieben Männer mit Leidenschaft, sie fühlen sich bei ihnen geborgen. Auch homoerotische Beziehungen werden mit Leidenschaft gelebt. Wir sind Wesen mit Gefühlen und starken Emotionen.

Liebe und Leidenschaft sind die großen Geschenke des Himmels. Doch weise Menschen wissen, daß auch unsere Gefühle vergänglich sind. Und wenn es Zeit ist, können sie ihre Leidenschaften loslassen.

Denn alles im Leben hat seine Zeit. Auch unsere Besitzwerte müssen wir einmal loslassen. Wir können besser leben, wenn wir uns nicht in unsere Leidenschaften und Besitzwerte verkrallen. Dann kommen auch Elemente des Spieles in unser Dasein, wir erleben uns wie dankbare Kinder.

Unsere festen Beziehungen behindern
den Fluß unseres Lebens.
Wer Besitz und Ehre bei den Menschen geringachtet,
wer die Güter dieser Welt loslassen kann,
der ist auf dem Weg zur Weisheit.
Denn wer Vieles besitzt, der macht sich viele Sorgen.
Und wer wenig besitzt, hat auch weniger Sorgen.
Lernt die Dinge der Welt rechtzeitig loszulassen.

Itivuttaka 80

Impulse

Ist es tatsächlich so, daß unsere festen Bindungen an Besitz und an Menschen den Fluß des Lebens stören? Können wir nicht gerade deswegen flexibel sein und offen für das Neue, das auf uns zukommt?

Alles Leben ist voller Herausforderungen und voller Chancen. Doch immer müssen wir auch die Gefahren erkennen, die auf uns warten. Wir müssen also klug auswählen, was uns guttut und was uns schadet.

Gewiß ist ein Leben ungleich mehr als Besitz von Gütern. Es besteht vor allem in sozialen Beziehungen zu den Mitmenschen. Und diese können für uns bereichernd sein, oder aber sie können mißlingen.

Der weise Mensch strebt ständig danach, seine Beziehungen zu den Mitmenschen zu verbessern. Vor allem strebt er nach Liebe. Denn er möchte den Leidenden und den Armen helfen, so gut er es kann. Dies ist seine große Lebensaufgabe.

Wenn du alt bist und dich der Schwelle
zum Jenseits näherst,
dann rüste dich für die Reise.
Reinige dein Leben von Schmutz und Flecken,
nimm dir eine Lampe und sei klug.
Du hast schon viele Jahre gelebt, sei dafür dankbar.
Es ist die innere Weisheit,
die dir Licht gibt auf deinem Weg.

Dhammapada 235f

Impulse

Wir alle werden älter, von Tag zu Tag. Es fällt uns nicht leicht, diese Tatsache anzunehmen. Viele wollen jugendlich bleiben bis in das hohe Alter, andere wollen ihre Grenzen gar nicht annehmen.

Es ist gewiß gut, wenn wir unsere geistigen und körperlichen Kräfte trainieren, wenn wir unsere Lebenskraft schonen, wenn wir auf unsere Gesundheit achten. Doch es geht dabei auch um innere Lebensweisheit.

Wenn wir älter werden, sammeln wir viele Lebenserfahrungen. Wir können dabei weise werden, denn wir erkennen, worauf es im Leben wirklich ankommt. Und wir dürfen dankbar sein für das, was wir bisher erleben konnten.

Nichts in unserem Leben war selbstverständlich, und nichts war ein Zufall. Es liegt ein göttlicher Plan in jedem Leben. Es ist die erfahrene und geschenkte Liebe, die uns lebenssatt werden läßt, die unser Dasein reich macht.

Wenn du alt bist wie ein Blatt im Herbst,
dann schau zurück auf dein Leben.
Deine äußere Form ist verbraucht,
Krankheiten haben dich geschwächt.
Dein Körper trägt viele Wunden mit sich.
Lerne Abschied nehmen
und suche dir ein inneres Licht,
das dir auf dem Weg leuchten kann.

Dhammapada 146f

Impulse

Wir werden heute im Schnitt viel älter, als Generationen vor uns. So werden auch die einzelnen Lebensphasen länger: die Kindheit, die Jugend, das Erwachsensein, und wohl auch das Alter.

Wir können jede dieser Phasen bewußt erleben und gestalten, immer haben wir viele Chancen. Und wir dürfen dankbar zurückblicken auf das Schwere und auf das Schöne, das uns begegnet ist.

Es sind die Wunden und die Verletzungen, die uns die Grenzen zeigen. Auch sie gehören zu unserem Leben. Es ist gut, wenn wir sie annehmen können, denn dann werden sie heilen und uns nicht bedrücken.

Wir alle brauchen ein starkes Licht, das von innen kommt. Es soll uns leuchten, wenn wir Abschied nehmen. Es ist das Licht der Liebe, die wir geschenkt und die wir empfangen haben. Streben wir nach Liebe, solange wir leben dürfen.

Alter und Abschied

Es gibt keinen Ort auf der Welt,
an dem wir uns vor dem Tod verstecken könnten.
So wie der Hirt seine Herde treibt,
so treibt uns der Tod vor sich her.
Wir können ihm nicht entkommen, was immer wir tun.
Lernen wir daher, die Dinge loszulassen.
Und suchen wir ein Licht,
das uns auf dem Weg leuchtet.

Dhammapada 128

Impulse
Vor dem Tod können wir nicht fliehen. Doch viele versuchen, ihn aus ihrem Bewußtsein zu verdrängen. Sie wagen gar nicht an das Lebensende zu denken, denn dies könnte ihren Genuß stören.
Und dann passiert es plötzlich, daß ein Mensch aus nächster Nähe aus dem Leben gerissen wird. Durch einen Autounfall, durch Selbstmord, durch eine unheilbare Krankheit. Und wir stehen erschüttert da, fast hilflos.
Wenn die Macht des Todes über enge Mitmenschen hereinbricht, sind wir ratlos. Viele werden von Trauer gelähmt und niedergedrückt. Der Abschied fällt uns schwer, denn wir waren nicht auf das plötzliche Ende gefaßt.
Daher ist es wichtig, daß wir lernen, rechtzeitig an den Tod zu denken. Unser eigenes Leben und das der Mitmenschen kommt zu Ende. Dann werden wir dankbar sein für jeden Tag, den wir erleben dürfen; dankbar für jedes gute Wort und für jeden liebevollen Blick.

Alles ist vergänglich, unsere Freuden sind unbeständig.
Doch auch unsere Leiden sind vergänglich.
So ist es unnütz, zu weinen und zu klagen.
Alles, was zu einem Körper geformt wurde,
löst sich wieder auf.
Freunde dich mit dieser Wahrheit an,
und du wirst nicht mehr an den Dingen
des Lebens hängen.

Jataka 56f

Impulse
Für die Leidenden ist es ein Trost, daß alles vergänglich ist, daß auch ihr Leiden ein Ende haben wird. Für sie ist der Tod wie eine Erlösung von unerträglichen Schmerzen. Sie ersehnen ihn sogar.
Doch für die glücklichen und lebensfrohen Menschen ist der Tod immer eine Bedrohung. Er kommt immer zu früh und er wird etwas sehr Schönes beenden. Denn wir möchten intensiv leben und blühen können.
Doch es ist gut, wenn wir um unsere Gesetze wissen. Denn sonst täuschen wir uns, und wir spielen uns vor, wir würden ewig leben. Alle Schönheiten des Lebens haben aber diese letzte Grenze.
So ist es sinnvoll, diese Grenzen annehmen zu lernen. Wir können blühen wie die Blumen, die auch einmal welken. Und wir können lieben, solange Lebenskraft in uns ist. Denn wir hoffen, daß Liebe den Tod überdauern kann.

Kurz ist das Leben und voller Hinfälligkeit.
Du mußt Abschied nehmen von allem, was du besitzt.
Wie die Träume am Morgen verfliegen,
so verfliegt unser Leben, wenn es zu Ende kommt.
Hegt keinen Groll deswegen,
sondern lernt gelassen Abschied zu nehmen.
So wie der Wassertropfen von der Blüte rinnt,
so fließt auch unser Leben fort.

Suttanipada 802f

Impulse

Vor allem die leidenden und kranken Menschen erleben die Hinfälligkeit des Daseins. Ihre Lebenskräfte schwinden frühzeitig, sie können Vieles nicht zur Entfaltung bringen. Ihr Leiden bedrückt sie.

Doch auch die gesunden und lebensfrohen Menschen stoßen zwischendurch immer wieder auf ihre Grenzen. Ein Unglücksfall oder eine Krankheit erinnern sie daran, daß auch ihr Leben kurz und vergänglich sein wird.

Wir sollten uns nicht täuschen. Und wir sollten auch den Mitmenschen nicht etwas vorspielen, was nicht der Fall ist. Es gibt für uns nicht die ewige Jugend und nicht die grenzenlose Schönheit.

Wir können es lernen, ohne Groll und Zorn Abschied zu nehmen. Wir müssen nicht in Verbitterung leben, wenn wir alt und krank werden. Es ist gut, wenn wir dankbar sein können für die vielen schönen Dinge, die unser Leben geprägt haben.

Allen Menschen, die vom Alter
und vom Tod belastet werden,
verkündige ich eine unvergleichbare Insel.
Auf dieser Insel gibt es keinen Besitz
und keine Bindung.
Dort werden alle unsere Begierden gelöscht.
Dort gibt es keinen Schmerz und kein Vergehen.
Das ist Nibbana, der unvergleichbare Friede,
die Stille der Leere.

Suttanipada 1093f

Impulse

Alle Kulturen haben eine Vorstellung von einem Ort der Ruhe und der Stille, wo sich die Seelenkräfte nach dem Tod des Körpers ausruhen können. Das ist in der buddhistischen Deutung Nibbana oder Nirvana.

Es ist wie eine ferne Insel, wo unsere Seelen weiterleben: ein Ort der Ruhe und des Friedens, ein Ort ohne Wünsche und Begierden. Es ist ein Ort der Schönheit, der Sicherheit und des Glücks.

Gewiß ist dies die Lehre von Asketen, die sich ein begierdeloses Leben nach dem Tod vorstellen. Andere Kulturen erwarten sich ein Seelenland voller Sinnlichkeit und erotischer Begierden, etwa der Islam.

Es ist gut, wenn wir glauben können, daß unsere Seelenkraft nach dem Tod des Körpers fortlebt, daß mit dem Tod nicht alles zu Ende ist, was in unserem Leben wichtig war. Dann hat unser Leben einen letzten Sinn und ein Ziel. Es ist schön und gut, daß wir leben dürfen.

Der Pfeil im Herzen

So hat mir der Buddha den Pfeil herausgerissen,
der in meinem Herzen steckte.
Als ich vom Schmerz des Daseins überwältigt wurde,
da hat er meine Verzweiflung beseitigt.
Ich habe mich von den Dingen der Welt gelöst,
ich hänge nicht mehr an ihnen.
So habe ich das Loslassen gelernt,
und mein Herz fand den Frieden.

Theragatha 52f

Impulse
Ein akutes Leiden oder ein Unglücksfall sind für uns wie ein giftiger Pfeil im Herzen. Es kann sein, daß jemand Krebs hat oder an AIDS infiziert ist. Dann ist sein Leben akut bedroht, er muß sich auf das Ende einstellen.
Wie können wir solche Erfahrungen ertragen? Viele stürzen in tiefe Verzweiflung und können nicht mehr weiter. Sie protestieren gegen dieses Schicksal, sie sind im Aufruhr dagegen.
Nun zeigt uns die buddhistische Weisheit einen Weg, auch das bitterste Leiden anzunehmen. Denn wenn wir begreifen, daß alles vergänglich ist, und daß wir uns von allem lösen müssen, dann ist dies der erste Schritt.
Gerade in akuter Bedrohung können wir es lernen, das Leben langsam loszulassen. Wir gehen früher aus dieser Welt als die meisten unserer Mitmenschen. Aber dieses Leben ist mit dem Tod nicht zu Ende, es bleibt etwas über den Tod hinaus.

Viele suchen in ihrer Lebensangst Zuflucht
bei den heiligen Bäumen und Quellen.
Doch ich finde meine Zuflucht
bei der Lehre des Buddha
und in der Gemeinschaft der Gläubigen.
So bin ich sehend geworden,
der Schmerz meines Lebens ist getilgt.
Ich bin geborgen,
denn ich gehe den achtteiligen Weg zur Erleuchtung.

Dhammapada 188

Impulse

Viele Menschen in den alten Kulturen verehren heilige Bäume und Quellen, sie suchen dort Heilung von ihren Leiden und Krankheiten. Diese Orte geben ihnen auch Kraft für den Alltag, es sind heilige Orte des Lebens.

Doch der Buddhist sucht seine Zuflucht und Geborgenheit in der Lehre des Buddha. Der erste Erleuchtete und seine Nachfolger geben ihm Sicherheit, daß er auf dem richtigen Weg ist. Es ist ein lichtvoller Weg, doch voller Steine.

Wer diesen Weg zur Erleuchtung beginnt, der lernt es, viele Leiden zu ertragen. Er lebt voll Mitgefühl mit allen Wesen, die ihm begegnen. Nichts in seinem Leben ist zufällig, er begegnet allem mit Aufmerksamkeit.

Der weise Mensch lernt es, Gutes zu denken und zu wünschen. Er spricht gute Worte, die den Mitmenschen eine Hilfe sind. Und er tut Gutes, wo immer er kann. Er ringt um Mitgefühl, das macht sein Leben hell und lichtvoll.

Wer das erhabene Licht erahnt hat,
der wird ruhig und seine Gedanken bleiben stehen.
Er sieht nicht mehr das, was er bisher sah.
Und er hört nicht mehr auf das, was er bisher hörte.
Er schweigt jetzt, wo er bisher redete.
Er ist jetzt schwach, wo er bisher stark war.
Denn er hat das erhabene Licht erahnt.

Theragatha 501

Impulse

Was ändert sich für einen Menschen, der der göttlichen Weisheit näherkommt? Er geht schrittweise auf ein Licht zu. Er löst sich von alten Bindungen, sein Leben wird durch mehr Liebe erhellt.

Der weise Mensch sieht die Dinge und die Geschehnisse um ihn anders als bisher. Er wird nun achtsam für die geringen Dinge und Wesen, er freut sich über die kleinen Begegnungen. Sein Herz wird ruhig und gelassen.

Nun muß er nicht mehr kämpfen und streiten, er muß keine Intrigen stellen. Er muß sich nicht mehr rächen, wenn er verletzt wurde. Vor allem, er muß nicht mehr Besitz und Reichtum zusammenraffen.

An den leidenden Mitmenschen geht er nicht mehr achtlos vorbei. Nun kann er den Armen in die Augen sehen und mit ihnen fühlen. Und er versucht ihnen zu helfen, so gut er es kann. Sein Leben hat eine Aufgabe und einen tiefen Sinn. Er ist auf dem Weg zur Erlösung für viele andere.

Es gibt ein Land,
da ist weder Wasser noch Feuer,
weder Mond noch die Sonne.
Dort gibt es keine Ankunft und keine Rückkehr,
kein Vergehen und keine Wiedergeburt.
Dort ist die ewige Stille, die große Leere,
das Ende aller Leiden.

Udana 80

Impulse

Was ist das Ziel unseres Lebens? Für Buddhisten ist es ein Ort der Stille und der Leere, ein Ort ewiger Gegenwart. Die Seele des Menschen hat Sehnsucht, diese Ruhe zu erreichen.

An diesem göttlichen Ort Nibbana gibt es keine Leiden mehr, aber auch keine Freuden und Leidenschaften. Das Begehren der Menschen ist zur Ruhe gekommen, der Kreislauf der vielen Geburten ist zu Ende.

Die Menschen Indiens erleben die vielen Wiedergeburten als belastend. Denn sie leben immer in der Gefahr, daß ihre Seele im nächsten Leben tief absteigen muß, vielleicht in die Welt der niederen Tiere.

So ist es die tiefe Sehnsucht der Buddhisten, durch Lebensweisheit aus dem Kreis der Geburten auszusteigen. Sie möchten zur Ruhe kommen. Das nennen sie die große Erlösung von den Leiden des Lebens. Auch wir haben Sehnsucht nach Erlösung, auch wenn wir sie uns anders vorstellen mögen.

Die Zuflucht beim Buddha

Wenn wir unser Leben vom Mitgefühl
und von der Nächstenliebe leiten lassen,
dann werden wir fähig sein, Großes zu erreichen.
Wenn es uns gelingt,
unser Leben auf aufbauende Weise einzusetzen,
dann werden wir auf lange Sicht Bedeutung haben.
Denn dann wird unser Leben wahrhaft kostbar sein.

Nach: Dalai Lama, Der Weg 48f

Impulse

Der Dalai Lama lebt aus der buddhistischen Tradition Tibets. Auch er versucht, alte Lebensweisheiten seines Landes in heutige Lebenswelten zu übersetzen. Er möchte die Grundwerte der Erlösung weitergeben.

Mitgefühl mit allen Lebewesen und aktive Nächstenliebe sind die beiden Grundwerte der buddhistischen Kultur. Wir sind immer nur auf dem Weg, diesen großen Zielen stückweise näherzukommen.

Der Weg zur Weisheit verändert unser Leben, unsere Ansichten und Wertungen. Wir lernen es als unsere Aufgabe anzusehen, das Leiden der Armen zu verringern, den Bedrückten Hilfe zu geben, die Gefallenen aufzurichten.

Dies ist der schwierige Weg zur Erlösung aller Wesen. Er verändert unsere Lebenswelt, wenn viele diesen Weg gehen wollen. Je mehr Menschen es gibt, die Mitgefühl und Liebe in diese Welt bringen, umso lebenswerter wird diese unsere eine Welt.

Kostbare und seltene Gelegenheiten umgeben uns,
wir sollten ihren Wert erkennen.
Denn wir haben die kostbaren Eigenschaften
des Menschseins erhalten,
wir sollten sie nicht nutzlos vergeuden.
Vielmehr sollen wir daraus Nutzen ziehen
und dem Weltgesetz des Dharma folgen.
Denn dies ist das Gesetz des Mitleids und der Liebe.

Nach: Dalai Lama, Der Weg 53f

Impulse

Unsere Lebenszeit ist immer kostbar, in jeder Phase. Unser Leben ist voller Gelegenheiten für wertvolle Begegnungen. Wir können durch kleine Schritte der Liebe der Erlösung und der Erleuchtung näherkommen.

Wir sind zur gegenseitigen Liebe fähig, sie ist das wertvollste Geschenk der Natur und des göttlichen Schöpfers. In uns sind die Kräfte der körperlichen und der sinnlichen Liebe, aber auch die Fähigkeiten der emotionalen Begeisterung.

Wir sollten unsere Kräfte und Fähigkeiten nicht vergeuden, aber auch nicht brachliegen lassen. Denn es ist jedem von uns möglich, aufmerksam zu leben und Mitgefühl mit anderen Menschen zu entwickeln. Keiner muß egozentrisch leben.

So wird unser Leben zu einem großartigen Kunstwerk. Unser Körper, unsere Gefühle und unser Verstand sind ein Geschenk, das wir dankbar entfalten dürfen. Es ist wunderbar, zu leben und zu lieben auf dieser Welt. Dies ist die Weisheit des Buddha.

Bis ich zur Erleuchtung gelangt bin,
suche ich die Zuflucht beim Buddha,
beim heiligen Weltgesetz
und bei der Gemeinschaft der Glaubenden.
Durch die guten Werke und durch die Tugenden
kann ich der Erleuchtung immer näherkommen.
Mein Ziel ist es, den inneren Frieden zu finden.

Gran Popa; nach R. Gard 70

Impulse

Der Glaubende sucht seine Zuflucht beim ersten Erleuchteten, dieser ist ihm das große Vorbild seines Lebens. Dabei folgt er dem heiligen Gesetz der Schöpfung, das ihm Mitgefühl mit allen Wesen vorzeichnet.

Und er fühlt sich geborgen in der Gemeinschaft der Glaubenden, die mit ihm auf dem Weg sind. Er darf nicht töten, nicht stehlen, nicht lügen, keine Ehe brechen, sich nicht berauschen. Es sind die vielen kleinen Taten der Nächstenliebe, die ihn auf dem Weg der Erlösung weiterbringen. Er ringt um Mitgefühl mit den Leidenden und den Schwächeren, denn er möchte Leiden vermindern helfen.

Diese altruistische Lebensform nutzt allen Lebewesen. Wenn viele Menschen so zu leben versuchen, wird unsere Welt hell und lichtvoll. Und es können alle Menschen glücklich leben. Dies ist der Schlüssel zur Weisheit des Buddha.

Ein Buddhist ist ein erleuchtetes Wesen,
er hat tiefes Mitleid mit allen Lebewesen.
Er lebt in untadeliger Reinheit.
Seine Gedanken, seine Worte
und seine Handlungen verletzen niemanden.
In seinem ganzen Leben nimmt die heilige Lehre
immer mehr Gestalt an.

Har Dayal; R. Gard 78f

Impulse
Das Ziel des Lebens ist es, ein erleuchteter und liebesfähiger Mensch zu werden. Denn durch die gelebte Nächstenliebe kommt Licht in unser Dasein. Dies ist der Weg des Mitleids mit allen Wesen.
Viele Menschen folgen dem ersten Buddha auf diesem Weg der Weisheit. Sie bemühen sich, den Mitmenschen Fehler zu verzeihen, Verletzungen nicht zu rächen, Frieden zu stiften, Versöhnung einzuleiten.
Buddhisten wollen niemanden verletzen. Doch sie schützen ihr Leben, wenn es bedroht wird. Sie stehen auf der Seite der Armen und der Schwächeren, aber den Herrenmenschen widersetzen sie sich entschieden.
In vielen Menschen kann die heilige Lehre Gestalt annehmen. Es sind Menschen, die um Liebe in ihrer Vielfalt ringen. Es ist die sinnliche Liebe genauso wie die moralische Nächstenliebe. Die Glaubenden freuen sich ihres Lebens und sie sind dankbar für die kleinen Dinge des Daseins.

Das Lachen der Blüten

Den Weltfrieden können wir nur
durch die innere Wandlung
der einzelnen Menschen herbeiführen.
Friede muß zuerst in jedem einzelnen Leben
entwickelt werden.
Ich glaube, daß Liebe, Mitleid und Selbstlosigkeit
grundlegend für den Frieden sind.
Sie schaffen eine Atmosphäre der Harmonie.

Dalai Lama, in: Der Weg 5f

Impulse

Viele ringen heute um eine Ethik des Friedens, die weltweit Geltung haben sollte. Denn die meisten Menschen wollen einfach in Frieden leben. Und es sind nur wenige, die bewußt den Haß schüren und den Krieg provozieren.

Doch damit wir in Frieden miteinander leben können, müssen wir viele unserer angelernten Einstellungen verändern. Wir müssen alte Vorurteile gegenüber fremden Menschen ablegen. Gewiß müssen wir auch unsere übergroßen Besitzansprüche zurücknehmen und mit Augenmaß leben. Denn wenn wir die Güter und Besitztümer von Mitmenschen anstreben, dann provozieren wir die Konflikte.

Die Weisheit des Buddha kann uns helfen, daß wir einer friedvollen Einstellung zu den Mitmenschen näherkommen. Wir können es lernen, unsere Konflikte auf vernünftige und gewaltfreie Weise zu lösen. Freilich müssen wir auch die Bedürfnisse unserer Mitmenschen ernst nehmen.

Friede ist in jedem Schritt, jede Blüte lächelt mir zu.
Der Friede verwandelt den langen Pfad in Freude.
Achtsam leben, langsamer werden,
jeden Schritt und Atemzug genießen.
Dies ist der Anfang.
Wenn wir so durchs Leben gehen,
werden Blüten unter unseren Füßen aufleuchten.

Thich Nhat Hanh 8

Impulse

Dies ist der behutsame Lebensstil des Weisen, in jedem Schritt spürt er den Boden und die Erde. Aus seinem Inneren strömt Frieden, er begegnet den Mitmenschen voll Mitgefühl. Sein Leben wird hell und weich.

So geht er achtsam durchs Leben, jedem Lebewesen begegnet er mit Respekt. Seine Lebensgeschwindigkeit ist langsamer, als die seiner Zeitgenossen. Er muß nicht alles haben, was andere um ihn haben.

Doch ihm bereiten die kleinen Dinge des Lebens Freude. Er achtet auf die Steine an seinem Weg, auf die Blumen, die ihm begegnen. Denn er fühlt sich mit allen Lebewesen verbunden. Sein Leben wird von tiefem Glück erfüllt, denn er ist im inneren Gleichgewicht. Es ist das Wunder der Liebe, das aus ihm leuchtet. Sein Leben blüht, und er bringt viele Mitmenschen zum Blühen.

Jeder Atemzug und jeder Schritt können mit Frieden,
mit Freude und mit Gelassenheit erfüllt sein.
Wir müssen nur wachsam sein
und in der Gegenwart des Augenblicks leben.
Denn wenn wir die Achtsamkeit üben, dann lernen wir,
daß Glück nur im gegenwärtigen Augenblick
möglich ist.

Thich Nhat Hanh 18

Impulse
Auch wir westliche Menschen können mehr Achtsamkeit lernen. Denn die große Hektik des Lebens nimmt uns viel Energie weg, und wir sehen viele Vorgänge um uns nicht mehr.
Es ist auch für uns sinnvoll, hie und da wieder bewußt zu atmen, bewußt auf etwas zu hören oder zu sehen. In kleinen Schritten können wir lernen, unsere Mitnatur mit Freude und Dankbarkeit aufzunehmen.
Auch wir Menschen der Städte können es lernen, ein Stück Natur zu hegen und zu pflegen. Und wir können unseren konkreten Mitmenschen mit mehr Offenheit und Zuwendung begegnen, als wir es gewöhnt sind.
Wir Menschen des Überflusses haben alle Chancen, auch das kleine Glück des Lebens wieder zu erleben, auch die kleinen Dinge wieder zu schätzen. Vor allem können wir lernen, Gefühle miteinander zu teilen.

Ich habe mein Lächeln verloren.
Aber keine Sorge, der Löwenzahn hat es noch.
Du wirst lächeln, sobald du einen Vogel singen hörst,
oder wenn du das Sonnenlicht
durch das Fenster strahlen siehst.
Das Lächeln hilft dir,
jeden Tag mit Sanftheit und mit Verständnis
zu erleben.

Thich Nhat Hanh 19

Impulse

Dieser Mönch aus Vietnam hat viele Weisheiten des Buddha in den Westen gebracht. Er lebt aus dieser Tradition und gibt sie an viele Schüler des Lebens weiter. Auch wir Menschen sind ein Stück Natur.

Wir teilen mit ihr die Trauer und die Freude. Es sind die Blumen, die uns das Lachen wieder schenken, wenn wir es verloren haben. Es sind die Vogelstimmen, die uns zum Mitsingen einladen.

Und es sind die Sonnenstrahlen, die in manchen Situationen unser Herz weichmachen können. Freilich wir müssen alte Einstellungen verändern, um empfänglich zu werden für das Schöne und das Wunderbare des Lebens.

Wenn wir die Sanftheit üben und Verständnis suchen für andere Menschen, dann kommt ein Lächeln auf unser Gesicht. Unser Leben strahlt tiefes Glück aus, es atmet inneren Frieden. Dies ist ein Stück der tiefen Weisheit des Lebens, in jeder Kultur ähnlich.

Die Kraft der Meditation

Wenn du Gutes tust, wird dir Glück zuteil.
Wenn du Schlechtes tust, wirst du selber leiden.
Dies ist das Gesetz des Karma.
Es gibt drei Pforten,
durch die wir unsere Handlungen vollziehen:
das ist der Körper, die Rede und der Geist.
Wir können Gutes denken, dann sprechen, dann tun.
Aber ebenso verhält es sich mit dem Bösen.

Dalai Lama, Der Weg 101f

Impulse

Es fällt uns heute schwer, an die Kraft des Karma zu glauben. Zu viele böse Menschen leben in Reichtum und Überfluß. Von einer Strafe für böse Taten kann keine Rede sein. Und zu viele gute Menschen müssen darben.

Doch ob die Reichen wirklich glücklich sind, wenn sie fremde Menschen bedrücken oder ausnützen, ist nicht leicht zu erkennen. Wer an keine göttlichen Kräfte im Leben glauben kann, für den existiert auch kein Karma.

Doch für den religiösen Menschen gibt es in irgendeiner Form bleibenden Lohn für die gute Tat und bleibende Strafe für die böse Tat. Damit werden sein Denken, sein Reden und sein Handeln niemals beliebig sein können.

Unser Denken, unser Sprechen und unser Tun hängen eng zusammen. Das sollten wir nicht vergessen. Es ist sinnvoll, daß wir beginnen, Gutes zu denken und den Mitmenschen Gutes zu wünschen. Dann werden wir ihnen auch Gutes tun können, wenn wir die Kraft dazu haben.

Die besondere Chance der Menschen besteht darin,
daß sie für das Wohl anderer Menschen
arbeiten können.
Sie müssen nicht nur an das eigene Wohlergehen
denken.
Dies macht die Schönheit und Besonderheit
des menschlichen Daseins aus.

Dalai Lama, Der Weg 141

Impulse

Wir Menschen müssen keineswegs egozentrisch und raffgierig leben. In uns allen ist die Fähigkeit, auch an das Wohl der Mitmenschen zu denken. Denn auch sie wollen gut und zufrieden leben können.

In uns allen ist die Fähigkeit der Liebe, die unser Leben verwandeln kann. Sie ist in unserem biologischen Erbe angelegt, etwa im sog. Brutpflegeverhalten. Wir alle können dieses Erbe kultivieren und entfalten.

Vor allem können wir es auf alle konkreten Mitmenschen ausdehnen. Und es sind beide Geschlechter dazu fähig, nicht nur die Frauen, die der Brutpflege näher stehen. Wir können einander Liebe und Geborgenheit schenken.

Dies ist das Wunder des menschlichen Daseins. Wir müssen nicht teilnahmslos nebeneinander herleben. Wir müssen nicht hassen. Nein, wir können verzeihen, wir können im Frieden miteinander leben. Jedes Menschenleben will blühen, will Früchte tragen.

Wenn du dein Mitgefühl nicht wiederholt verstärkst,
indem du es verfeinerst und vertiefst,
besteht die große Gefahr, daß du angesichts
der unzähligen empfindsamen Wesen den Mut verlierst.
Denn es gibt viele feindselige Wesen,
die dir zum Schaden trachten.

Dalai Lama, Rede zur Einweihung

Impulse

Wir können unsere Fähigkeit zum Mitgefühl jeden Tag verfeinern. Wir müssen sie üben. Wenn wir dies nicht tun, dann kommen unsere egoistischen Impulse zum Zug und gewinnen leicht die Oberhand.

Nächstenliebe müssen wir jeden Tag üben, sie braucht eine klare Grundsatzentscheidung. Es gibt immer konkrete Mitmenschen um uns, die ein liebevolles Wort brauchen oder die auf konkrete Hilfe angewiesen sind.

Liebe wird uns geschenkt durch konkrete Mitmenschen, durch Eltern und frühe Bezugspersonen. Später werden wir fähig, diese Zuwendung an andere Menschen um uns weiterzugeben. Damit machen wir andere Menschen zur Liebe fähig.

Es gibt leider viele Menschen, die wenig Zuwendung bekommen haben. Viele von ihnen wollen sich später rächen für das, was ihnen vorenthalten wurde. Besonders diesen Menschen sollte unser Mitgefühl gelten. Denn wir sind füreinander verantwortlich.

Liebe ist der Wunsch,
daß alle empfindsamen Wesen
sich des Glückes erfreuen
und nie ganz vom Glück getrennt sein mögen.
Mit der Kraft der Meditation über die Liebe
besiegte der Buddha die Heere der Dämonen.
So ist die Meditation über die Liebe
der höchste Schutz vor dem Bösen.
Durch die Meditation üben wir uns in die Liebe ein.

Dalai Lama, Rede zur Einweihung

Impulse

Gewiß streben alle Menschen nach ein wenig Glück und Liebe. Alle möchten irgendwo geborgen sein und aufruhen können. Warum fällt es uns so schwer, einander dieses Bedürfnis zu befriedigen?

In der Meditation können wir diesem Bedürfnis nach Liebe in uns nachspüren. Und wir können uns dem göttlichen Urgrund öffnen, aus dem dieses Bedürfnis kommt. So ist Liebe immer ein göttliches Geschenk.

Wenn wir über die Liebe meditieren, kann unsere Fähigkeit wachsen, konkrete Menschen zu lieben, ihnen mit Mitgefühl zu begegnen, ihnen zu helfen, wenn sie Hilfe brauchen.

So ist Meditation die Einübung von Liebe. Wir sollten die Kraft der guten Gedanken nicht unterschätzen, aber auch nicht die Macht der bösen Gedanken. Daher sollten wir uns durch mitfühlende Gedanken in die Taten der Nächstenliebe einüben. Wir brauchen Solidarität miteinander, dies zu jeder Zeit und an jedem Ort in dieser Welt.

Verantwortung übernehmen

Das Mitgefühl ist der Wunsch, daß alle empfindsamen Wesen vom Leiden befreit sein mögen.
Ich will Verantwortung dafür übernehmen, daß die empfindsamen Wesen vom Leiden befreit werden.
Ich schaue auf die Nöte und Leiden der Wesen, die meinen Weg begleiten.

Dalai Lama, Rede zur Einweihung

Impulse

Dies ist ein wunderbarer Gedanke, daß alle Lebewesen frei vom Leiden sein mögen. Vor allem soll das Leiden unter den Menschen verringert werden. Und wir können das Unsere dazu beitragen, daß dies geschieht.

Nun bedeutet Leben aber immer auch Leiden, für die Tiere und für uns Menschen. Wir können es vermutlich nie überwinden, aber wir können es verringern. Wir können so handeln, daß Mitmenschen weniger leiden müssen.

Ein Problem sind heute die Experimente mit Tieren in der medizinischen Forschung. Vermutlich kommen wir ohne diese Forschung nicht aus, aber wir sollten das Leiden dieser Tiere so gering wie möglich halten. Dies ist unsere ethische Pflicht. Wer Tiere quält, der quält sehr bald auch Mitmenschen. Mit dem Töten verhält es sich ähnlich. Wir müssen Verantwortung übernehmen für unsere Mitgeschöpfe. Und wir können viel Leiden verhindern, das ist unsere Aufgabe.

Wir haben alle dieselbe Natur,
wir erleiden alle dasselbe Los.
So hat es keinen Sinn, miteinander feindselig
und zornig umzugehen.
Wir können denken,
daß das Böse ein vorübergehendes Gebrechen ist,
das wir verringern können.
Auch unsere Gegner und Feinde haben einen Wert,
denn sie geben uns die Gelegenheit,
Geduld zu entwickeln.

Dalai Lama, Rede zur Einweihung

Impulse

Es ist gut, wenn wir erkennen, daß wir Menschen von unserer Natur her miteinander verwandt sind. Wir alle haben sehr ähnliche Grundbedürfnisse: Wir möchten lieben und geliebt werden. Dies ist unser kleines Glück.

Aus diesem Gefühl der Verwandtschaft heraus fällt es uns leichter, füreinander Sorge zu tragen, einander zu helfen. Wir können Arme und Bedrückte aufrichten, wir können den Leidenden zur Seite stehen.

Wir sollten nicht der billigen Ausrede verfallen, wir könnten ja nur wenig tun und die ganze Welt sei so schlecht. Nein wir können alle ein Stück dazu tun, daß etwas mehr Liebe und Geborgenheit in diese Welt kommen. Dies ist eine wunderbare Gabe, die in jedem von uns schlummert.

Wir erkennen, daß das Erreichen
unserer eigenen Erleuchtung
im großen Maß von unseren Mitmenschen abhängt.
Schon unser Überleben in der Welt hängt immer
von konkreten Mitmenschen ab.
Ob wir auf dem Weg der Liebe weiterschreiten können,
hängt von der Güte und dem Mitgefühl
der Menschen ab, denen wir folgen.

Dalai Lama, Der Weg 162f

Impulse

Die Egozentriker um uns begreifen nicht, was sie ihren Mitmenschen verdanken. Auch sie sind von Eltern und Bezugspersonen betreut worden, auch ihnen wurde viel Zuwendung gegeben. Sonst würden sie gar nicht leben können.

Und dann sind sie nicht bereit, diese Zuwendung an andere Mitmenschen weiterzugeben. Zu viele denken heute, sie seien allein auf der Welt und sie lebten nur, um ihren Genuß zu maximieren.

Dies sind defiziente Lebenseinstellungen, die uns heute vielfach vorgespielt werden. Es sind liebesunwillige Menschen, die auch anderen die Fähigkeit zu Mitgefühl und Zuwendung nehmen wollen.

Es sind immer unsere konkreten Mitmenschen, an denen wir unsere Lebensweisheit entfalten, mit denen wir konkrete Nächstenliebe einüben können. Gemeinsam sind wir auf dem Weg zur Erleuchtung des Daseins, zur Befreiung vom Leiden, zum Glück des Lebens.

Freigebigkeit ist eine Haltung der Bereitschaft,
ohne Anflug von Geiz seine Besitztümer,
sein Leben, seinen Körper,
seine Tugenden für andere Menschen einzusetzen.
Wir geben unsere Fähigkeiten zum Wohle
der anderen weg.
Alles, was du gibst,
das sollte den Mitmenschen nützlich sein.
Da alles vergänglich ist,
müssen wir uns irgendwann von allem trennen.
Dies zu sehen erleichtert unsere Freigebigkeit.

Dalai Lama, Der Weg 167f

Impulse

Wenn wir verstanden haben, was wir den Mitmenschen verdanken, dann fällt es uns leichter, unsere Fähigkeiten für andere einzusetzen. Denn es gibt gar keinen Sinn, Besitztümer nur für sich allein horten zu wollen.

Wir haben das Beste in uns, nämlich die Fähigkeit zu lieben, von anderen Menschen empfangen. Wenn wir diese Fähigkeit entfalten und an andere weitergeben, dann sind wir auf dem Weg der Erleuchtung, auf dem Weg des Buddha.

Unsere Begabungen gehören nicht uns alleine, sie sind uns für die Gemeinschaft geschenkt. Deswegen sollten wir sie auch für die Gemeinschaft einsetzen. Daraus erwächst uns viel Kraft und Freude des Lebens.

Im Grund leben Egozentriker wie eingesperrt, ihr inneres Glück ist gering. Doch niemand muß im Gefängnis der Selbstsucht bleiben. Wir können einander zur Liebe einladen, dann wird unser Leben blühen. Dies ist uralte Weisheit, sie ist an keine Zeit und Mode gebunden.

Die Kraft der Geduld

Sittlichkeit ist ein Geisteszustand,
in dem wir bewußt darauf verzichten,
uns auf ein Geschehen einzulassen,
das für andere Menschen schädlich ist.
Die Vollendung der Sittlichkeit besteht darin,
keinen anderen Menschen zu schaden.
Nur so können wir mit den Mitmenschen
auf mitfühlende Weise umgehen.

Dalai Lama, Rede zur Einweihung

Impulse

Wir alle bauen uns eine Grundeinstellung zum Leben auf, zum eigenen Dasein und zum Leben der Mitmenschen. Manche dieser Einstellungen stören aber unser Zusammenleben. Nun ist es aber möglich, diese später zu korrigieren.

Jeder kann es lernen, den Mitmenschen nicht zu schaden. Dies ist eine Minimalbedingung des Zusammenlebens. Und wenn wir jemandem geschadet haben, dann sollten wir alles tun, um den Schaden wiedergutzumachen.

Also müssen wir immer auf die Folgen unserer Handlungen achten. Unsere besten Einstellungen und Werte nützen nichts, wenn sie für konkrete Mitmenschen böse Folgen haben. Wir tragen Verantwortung für unser Tun.

Dem Zeitgeist entsprechend fällt es uns heute nicht leicht, egoistische Einstellungen zu verändern. Doch glücklich machen sie uns nicht. Das Glück des Lebens kommt uns wirklich nur aus der Liebe, aus dem Mitgefühl, aus der Zuwendung zu anderen. Wir haben die Wahl, was wir tun wollen.

Geduld ist ein Geisteszustand,
in dem man angesichts der Schäden,
die einem von anderen Menschen zugefügt werden,
nachsichtig ist.
Es gibt drei Arten von Geduld:
Die erste besteht darin, durch den zugefügten Schaden
nicht aus der Fassung zu geraten.
Die zweite heißt, freiwillig Leiden auf sich zu nehmen.
Und die dritte heißt, das Leiden zu ertragen.

Dalai Lama, Rede zur Einweihung

Impulse

Immer fügen wir den Mitmenschen auch Schaden zu, selbst wenn wir dies gar nicht wollen. Und immer fügen uns auch unsere Mitmenschen Schaden zu, ohne es zu wollen. Dies ist die Begrenztheit unseres Lebens.

Aber wir können lernen, Schaden wiedergutzumachen, den wir angerichtet haben. Und wir können uns üben, Verletzungen zu ertragen, die uns durch das Verhalten von Mitmenschen zugefügt wurden.

Wenn wir die Lebensgeschichten unserer Mitmenschen besser verstehen, dann werden wir sie nicht hassen, wenn sie uns Unrecht tun. Wir werden uns gegen Unrecht wehren, aber wir werden es nicht zurückgeben müssen.

So können wir in vielen kleinen Schritten die Geduld des Lebens lernen. Wir brauchen viel von ihr, wenn wir gedeihlich miteinander leben wollen. Auch Liebe braucht viel Geduld, doch sie kann viele Verletzungen verwandeln. Nur gemeinsam können wir unsere Grenzen erkennen und ertragen.

Wenn du die Geduld verlierst,
dann kommt deine Gemütsruhe aus dem Gleichgewicht.
Wenn du Haß und Zorn verbreitest,
dann setzt du andere der Kraft des Bösen aus.
Du verlierst dein Urteilsvermögen
und bist auf Vergeltung aus.
Gib dir große Mühe, den Haß und den Zorn
in dir loszulassen.

Dalai Lama, Der Weg 174f

Impulse
Für Buddhisten ist das seelische Gleichgewicht ein hoher Wert. Deswegen meiden sie den Zorn und den Haß auf andere Menschen. Denn diese Gefühle lösen unter uns eine zerstörende Dynamik aus.
Es ist eine harte Arbeit, sich in Geduld mit den Mitmenschen zu üben, wenn sie uns auf die Nerven gehen, oder gar wenn sie uns schädigen. Wir können uns mühen, ihre Lebensgeschichte zu verstehen, warum sie so handeln.
Haß und Zorn sind auf Dauer nicht die richtige Antwort auf Verletzungen durch andere. Sie sind zunächst natürliche Reaktionen, doch auf Dauer müssen wir sie überwinden. Und wir können dies auch, wir sind dazu fähig.
Wenn wir die Lebensgeschichte unserer Mitmenschen besser verstehen, dann werden wir ihnen angemessen begegnen können. Wir können den Haß und den Zorn in uns loslassen. Doch dies müssen wir jeden Tag neu üben.

Sobald dich jemand verletzt,
sollst du nicht die Beherrschung verlieren.
Du sollst es ihm nicht heimzahlen wollen.
Denke daran, daß dein Gegner keine Kontrolle
über seine negativen Gefühle hat,
daß er der Verblendung ausgesetzt ist.
Dann wirst du Mitleid und Mitgefühl
mit ihm entwickeln.
Du brauchst dich nicht zu rächen.

Dalai Lama, Der Weg 174f

Impulse

Es ist sehr schwer, daß wir uns für erlittene Verletzungen nicht mehr rächen wollen. Damit uns dies gelingt, müssen wir ein Stück unseres biologischen Erbes kultivieren. Denn der Impuls zur Rache scheint uns angeboren.

Wir haben aus unserer Menschheitsgeschichte gelernt, daß Rache uns nicht weiterführt und daß es möglich ist, auf sie zu verzichten. Es gibt andere Formen der Wiedergutmachung von Unrecht, die sinnvoller sind.

Zunächst müssen wir versuchen, die Lebensgeschichte eines Menschen zu verstehen, der uns geschädigt hat. Wenn wir sie verstehen, können wir ihm Widerstand leisten und ihn zur Änderung seiner zerstörenden Handlungen zwingen.

Es verlangt viel innere Kraft, zerstörerische Mitmenschen zur Änderung ihrer Einstellungen zu bewegen. Auch sie sind fähig, Leben zu bewahren und zu schonen. Auch sie haben eine tiefe Sehnsucht nach Zuwendung und Liebe. Wenn wir das verstehen, werden wir einander voll Mitgefühl begegnen.

Die Anstrengung des Geistes

Wenn ich erlittenen Schmerz vergelten will,
dann setze ich den Kreislauf der bösen Handlungen
in Bewegung.
So ist das Üben von Geduld wichtig
für das Überwinden von Haß und Mißgunst.
Manche sehen in jeder Verletzung, die sie erleiden,
die Chance, sich in der Geduld zu üben.
Doch wir sollten uns angemessen
vor Verletzungen schützen.

Dalai Lama, Der Weg 176f

Impulse
Unser biologischer Instinkt sagt uns, daß wir erlittenes Unrecht an den Täter zurückgeben sollen. Wenn wir uns rächen können, haben wir das Gefühl, daß wieder Ausgeglichenheit herrscht.
Doch unser Verstand und unsere Erfahrung sagen uns, daß Rache die Dynamik der bösen Tat auslöst, weil sie immer wieder zu neuer Rache führt. Im Prinzip wird der Stärkere der Sieger sein.
Wenn aber auch die Schwächeren überleben sollen, dann müssen wir uns hüten vor dem Kreislauf der Zerstörung. Dann müssen wir den aggressiven Gewalttätern mit geeigneten Mitteln entgegentreten.
Wir können Menschen der Gewalt nur mit vereinten Kräften zwingen, ihre lebensfeindlichen Einstellungen zu erkennen und zu ändern. Wir können mit demokratischen Mitteln ein friedliches Zusammenleben lernen. Jeder einzene muß damit in seiner kleinen Lebenswelt beginnen.

Normalerweise erleben wir mehr Leiden als Glück.
Wenn wir die Geduld gelernt haben,
dann können wir auch freiwillig Leiden
auf uns nehmen,
ja dann können wir auch für andere Menschen leiden.
Zwei Menschen können an derselben Krankheit leiden,
aber sie ertragen den Schmerz völlig unterschiedlich.

Dalai Lama, Der Weg 177f

Impulse
Ein durchschnittliches Leben ist wohl mehr durch Leiden als durch Glückserfahrung geprägt. Doch jeder Mensch geht unterschiedlich mit dem Leiden um, und jeder deutet sein Glück anders.
Das Leiden überfällt uns in vielen Situationen. Und wir müssen es annehmen, wenn es uns trifft. Gewiß, wir können uns dagegen wehren, wir können protestieren. Wir können uns an anderen dafür rächen. Doch das führt uns nicht weiter.
Wir kommen nicht umhin, das Leiden, das uns trifft, in unser Selbstbild hereinzunehmen. Denn wir können der Leiderfahrung einen Sinn geben. Nur dann können wir sie ertragen und in unser Leben integrieren.
Es ist ein langer Weg, bis wir es lernen, ein Leiden anzunehmen, das uns überfällt. Wir werden das Leiden nicht suchen und nicht vermehren. Doch wir haben die Möglichkeit, es zu verwandeln, indem wir um Liebe ringen. In der Erfahrung von Liebe wird Leiden erträglich.

Wir sollten für das Wohl der Mitmenschen arbeiten.
Und wenn wir uns dabei dem Leiden stellen müssen,
dann werden wir es aushalten können.
Die Erfahrung des Leidens
muß uns nicht mutlos machen,
denn es gibt keine Erfahrung,
die nicht durch Vertrautheit erträglich wäre.
Wir können uns daran gewöhnen,
auf dem Weg zur Erlösung auch Leiden auszuhalten.

Dalai Lama, Rede zur Einweihung

Impulse

Im Grund gibt es zwei Lebenskonzeptionen. Nach dem egozentrischen Programm lebt jeder Mensch für sich selbst und für sein eigenes Wohl. Er rafft so viele Güter und Macht, als er nur kann. Das nennt er dann das große Lebensglück.

Nach dem altruistischen Programm lebt jeder Mensch auch für seine konkreten Mitmenschen, die ihm begegnen. Er setzt seine Kräfte dafür ein, daß auch sie ein gutes und gelingendes Leben haben können.

Buddha hat uns den zweiten dieser Wege vorgelebt, es ist der Weg der rückhaltlosen Liebe und des Mitleids mit allen Lebewesen. Auf diesem Weg begegnen wir oftmals dem Leiden, er ist ein harter Weg.

Doch er gibt unserem Leben einen tiefen Sinn. Und wir erleben so etwas wie Glück, wenn wir anderen Menschen helfen können. Wir fühlen uns bei anderen geborgen, wenn wir lieben dürfen. Dieser Weg der Liebe erfordert aber unsere ganze Lebenskraft.

Anstrengung ist der Geisteszustand,
in dem man große Freude
an tugendhaften Handlungen hat.
Die Anstrengung ist die Wegbereiterin
jeder anderen Tugend.
Wer aber durch Trägheit gelähmt ist,
wird keinen Fortschritt in der Weisheit machen.
Denn ein Mangel an Anstrengung
führt zum moralischen Niedergang im Leben.

Dalai Lama, Rede zur Einweihung

Impulse

Der moralische Weg des Buddha ist ein anstrengender. Denn wir müssen alle unsere Kräfte aktivieren, um den Mitmenschen Gutes tun zu können, um den Armen zu helfen, um die Bedrückten aufzurichten.

Das kostet viel Lebenskraft, und wir müssen uns immer von neuem auf den Weg der Barmherzigkeit und des Mitgefühls konzentrieren. Erst müssen wir gute Gedanken denken, dann werden wir gute Worte sagen.

Und zuletzt werden wir den Mitmenschen gute Taten tun können. Doch die natürliche Trägheit bedroht unsere Taten der Nächstenliebe. Wir finden immerzu viele Ausreden, warum wir notleidenden Mitmenschen nicht helfen wollen.

Doch auf dem Weg zur Weisheit müssen wir diese innere Trägheit überwinden, dies jeden Tag. Wir müssen uns anstrengen, um den Mitmenschen zu helfen, wenn sie unsere Hilfe brauchen. Doch zuerst müssen wir genau hinsehen, wo unsere Liebe gebraucht wird.

Opfer bringen

Die Anstrengung befähigt uns,
bei der Arbeit für das Wohl der Mitmenschen
jede Form von Leiden und Not zu ertragen.
Sie beschützt uns vor Entmutigung und vor Depression,
wenn wir mit den Härten des Lebens
konfrontiert werden.
Doch es ist die innere Trägheit,
die unsere Anstrengung behindert.

Dalai Lama, Der Weg 179f

Impulse

Der törichte und egozentrische Zeitgenosse läßt sich von seinen Launen und von seinen ihm vorgespielten Wünschen hin und her reißen. Er möchte sein Leben optimal genießen, ohne sich viel anzustrengen.

Doch häufig werden hedonistische Lebensformen innerlich leer, denn das Erleben von Lust allein gibt dem Leben keinen tragfähigen Sinn. Hingegen müssen sich liebende Menschen immer anstrengen, wenn sie anderen Mitmenschen hilfreich sein wollen.

Die Liebe gibt es immer nur um den Preis der Anstrengung. Doch sie ist ungleich spannender, als ein Leben des reinen Genießens. Der Liebende wird reich beschenkt von den Menschen, denen er mit Mitgefühl begegnet.

Freilich trifft den Liebenden das Leben in seiner ganzen Härte, denn Nächstenliebe ist immer auch mit Leiden verbunden. Doch wer um Liebe ringt, kann viele Verletzungen und Härten verwandeln. Er wird reich beschenkt, sein Leben ist voll des Staunens.

Es gibt drei Arten der Trägheit:
Da ist die Trägheit der Unlust,
die das Notwendige hinausschieben möchte.
Dann ist die Trägheit der Minderwertigkeit,
die uns an der eigenen Fähigkeit zweifeln läßt.
Und es ist die Trägheit,
die sich zu negativen Handlungen hinziehen läßt.
Diese dreifache Trägheit müssen wir überwinden,
wenn wir auf dem Weg der Erleuchtung
fortschreiten wollen.

Dalai Lama, Der Weg 180f

Impulse

Auch wir müssen heute viele Formen der inneren Trägheit überwinden. Gewiß, bei unserer Arbeit strengen wir uns zumeist an, um unseren Wohlstand zu mehren. „Ohne Schweiß gibt es keinen Preis", sagen wir uns.

Doch in unseren mitmenschlichen Beziehungen und in unserer moralischen Entwicklung strengen wir uns meist nicht sehr an. Viele sehen gar keinen Grund, warum sie sich auch für ihre Mitmenschen anstrengen sollten.

Denn zu viele neigen dazu, ihre Mitmenschen abzuwerten. Damit haben sie dann eine Entschuldigung, warum sie ihnen nicht helfen wollen, wenn sie in Not sind. Sie reden oft von „Sozialschmarotzern" und meinen damit fast immer die anderen.

Doch die Weisheit des Buddha lehnt alle negativen Vorurteile über die Mitmenschen ab. Jeder Mensch ist es wert, daß wir ihm helfen, daß wir ihm mit Mitgefühl begegnen, daß wir ihn lieben. Auch wir selbst sind es wert, von anderen geliebt zu werden.

Die Überwindung unseres Mangels an Selbstvertrauen
hängt von unserer Einsicht ab,
daß wir bereit sein müssen, auch Opfer zu bringen,
wenn wir die Erleuchtung gewinnen müssen wollen.
Durch die Kraft unserer Freigebigkeit
können wir lernen,
die Dinge um uns rechtzeitig loszulassen.

Dalai Lama, Rede zur Einweihung

Impulse

In unserer Gesellschaft klingt es fast altmodisch, von Opfern zu reden. Denn in einer Zeit des Überflusses gibt es für die Wohlhabenden wenig Verzicht. Alle Güter des Lebens stehen uns in Fülle zur Verfügung.

Doch es gibt unter uns Situationen der Armut, des Hungers, des Leidens. Wir sollten die Gesichter des Leidens sehen. Dann werden wir erkennen, daß es einen Sinn gibt, auf Güter zu verzichten und sie mit anderen zu teilen.

Es gibt einen tiefen Sinn, auch Opfer zu bringen, damit andere Menschen um uns und in der Ferne genügend zum Leben haben. Wir müssen nicht alles haben, was andere haben oder was andere uns einreden wollen.

Wenn wir auf große Gewinne verzichten, dann können den Ländern der Dritten Welt wohl viele Schulden erlassen werden. Wenn wir persönlichen Verzicht üben, dann können wir viele Güter reichlich an Arme verteilen. Wir haben heute alle Chancen des Teilens, wir sollten sie nützen.

Ein Boddhisattva ist ein Mensch,
der aufgrund des Mitgefühls,
der Liebe und des Erbarmens,
die er allen leidenden
und empfindenden Wesen entgegenbringt,
nicht das Gefühl des Bedauerns
und der Niedergeschlagenheit verspürt,
wenn er Not und Leiden durchstehen muß.

Dalai Lama, Rede zur Einweihung

Impulse

Es ist wohl das Schwierigste im Leben, dem erfahrenen Leiden einen Sinn geben zu müssen. Wenn wir im Ringen um soziale Gerechtigkeit verletzt werden, dann wissen wir, warum und wofür wir leiden.

Viel schwieriger ist das Leiden an einer unheilbaren Krankheit zu ertragen. Doch selbst in dieser Ausgeliefertheit können wir noch teilhaben am Schmerz der Bedrückten und der Geschlagenen.

Der weise Mensch lernt es Schritt für Schritt, seinem Leiden einen Sinn zu geben. Auf diese Weise möchte er dazu beitragen, daß in seiner kleinen Welt weniger Menschen und Tiere leiden müssen.

Wir können einander helfen, Leiden zu ertragen und Leiden zu verringern. Wir können einander durch Liebe und Mitgefühl eine Stütze sein, damit auch harte Lebenssituationen erträglich werden. Es ist schön, auf dem Weg des Buddha voranzuschreiten.

Wie Kinder beim Spielen

Wenn du dich an eine Unternehmung wagst,
dann ist es wichtig, die Sachlage genau einzuschätzen,
ob du zu Rande kommst ...
Wenn du dich überfordert fühlst,
dann ist es besser, noch zuzuwarten.
Doch wenn du dich zu einer Aufgabe entschlossen hast,
dann mußt du sie zu Ende führen.

Dalai Lama, Der Weg 182

Impulse
Es gehört zur Weisheit des Buddha, daß wir lernen, unsere Mitwelt richtig einzuschätzen. Denn wirklichkeitsfremde Träumereien helfen uns nicht, wenn wir Unrechtssituationen verändern wollen.
Wir müssen zunächst genau hinsehen auf die Situation von armen und bedrückten Mitmenschen. Und wir müssen erkennen, wer die Unterdrücker sind und warum diese gegen die Regeln der Mitmenschlichkeit verstoßen.
Dann können wir überlegen, was wir konkret tun können, um Unrechtssituationen zu beenden, um lebensfeindlichen Mitmenschen Widerstand entgegenzusetzen, um sie zu einem Umdenken zu bewegen.
Wenn wir uns zu einer guten Tat entschlossen haben, dann müssen wir sie mit aller Konsequenz ausführen. Denn wenn wir nicht unsere ganze Kraft einbringen, werden wir nicht viel verändern. Es bleibt unsere Aufgabe, mehr Liebe in unsere Welt zu bringen.

Du sollst die Fähigkeit zur Freude ausbilden.
Dann kannst du mit Freude und Vergnügen
an deine Aufgaben herangehen.
Du kannst dich verhalten wie Kinder beim Spielen.
Doch wenn du müde und erschöpft bist,
dann ist es wichtig, daß du dich entspannst.

Dalai Lama, Der Weg 182f

Impulse

Uns mangelt es heute bei allem Überfluß und Wohlstand an Gütern allzuoft an Lebensfreude. Wir haben fast alles, und dennoch verbreiten sich unter uns Überdruß und Langeweile. Wie ist das möglich?

Vielleicht sind wir bei unserem Genießen zu sehr auf uns selbst bezogen? Vielleicht macht uns unser Hasten nach Besitz und Macht innerlich nicht glücklich? Sind unsere ursprünglichen Bedürfnisse vielleicht ganz andere?

In uns Erwachsenen ist immer ein Stück des Kindes geblieben, und dieses möchte spielen. Können wir unserem Leben wieder zeitweise die Leichtigkeit des Spieles zurückgeben?

Wenn wir Mitmenschen beschenken, wenn wir ihnen Zuwendung geben, wenn wir mit ihnen fühlen, dann wächst in uns tiefe Lebensfreude. Wir merken, daß wir Gutes tun können. Und das macht uns glücklich. Lebensfreude kommt aus einem liebenden Herzen, vermutlich aus ihm allein.

Es ist wichtig, die negativen Handlungen
der Vergangenheit zu erinnern
und den festen Vorsatz zu fassen,
sie nicht mehr zu tun.
Sie sollen dich daran erinnern,
nie die Kraft der Aufmerksamkeit zu verlieren.
Dann wirst du mit Freude und Leichtigkeit
durchs Leben gehen.

Dalai Lama, Der Weg 184f

Impulse

Auch wir erkennen immer mehr, daß es wichtig ist, unsere Fehler im Denken und im Handeln zu erinnern. Wir müssen erkennen, was wir falsch gemacht haben und welche Folgen unsere Taten für Mitmenschen hatten.

Wir neigen dazu, Fehler zu verdrängen. Auch große Institutionen und Religionen tun dies. Doch dann bleiben wir nicht davor bewahrt, diese Fehler zu wiederholen. Dann lernen wir nichts dazu in unserem Verhalten.

Wir nennen es heute Erinnerungsarbeit, die Fehler der Vergangenheit bewußt zu sehen, auch die Fehler unserer Vorfahren. Nur so können wir uns von ihnen abgrenzen und können wir neue Einstellungen gewinnen.

Es ist die Achtsamkeit für alle Mitmenschen, die unser Leben innerlich reich macht. Wir werden von anderen mit Liebe beschenkt, und wir können andere reich beschenken. Nützen wir die Chancen, die uns gegeben werden, Tag für Tag.

Konzentration ist der Geisteszustand,
in dem man sich in punktförmiger Sammlung
auf ein verdienstvolles Ziel ausrichtet.
Unser normaler Geisteszustand
ist durch Zerstreutheit geprägt.
Denn wir sind zu schwach,
um das Wesen der Wirklichkeit zu begreifen.
Es geht darum, daß wir die Kontrolle
über den eigenen Geist bekommen.

Dalai Lama, Der Weg 184f

Impulse

In der Meditation üben wir uns, unsere Lebenskraft zu sammeln. Wir spüren unser Selbst, und wir erleben den göttlichen Urgrund. Und wir holen unsere Kräfte in unsere Personmitte zurück.

Es ist wichtig, daß wir uns auf gute Gedanken konzentrieren, daß wir den Mitmenschen Gutes wünschen. Denn dann können wir es ihnen auch sagen und tun. So stärkt die Meditation unsere Liebesfähigkeit.

Sie hilft uns, unser inneres Gleichgewicht zu wahren und unsere Lebenskraft zu stärken. Es ist wichtig, daß wir unsere bösen und lebensfeindlichen Strebungen unter Kontrolle halten, denn sie stören das Leben.

In der Meditation kommen wir der göttlichen Wirklichkeit näher, wir ahnen den göttlichen Urgrund in allen Dingen und Lebewesen. Wir bekommen tiefe Ehrfurcht vor dem Leben, und wir erfahren Dankbarkeit.

Das bewußte Atmen

Wenn wir meditieren,
sollen wir ein Ziel vor Augen haben.
Wir müssen uns anstrengen,
denn wir wollen einen Zweck erkennen.
Je besser wir den Zweck unseres Lebens sehen können,
umso konzentrierter wird unsere Übung
und Meditation sein.

Dalai Lama, Rede zur Einweihung

Impulse
Auch die buddhistische Meditation ist nicht völlig zwecklos. Sie hat ein konkretes Ziel, das erreicht werden soll. Wir gehen in unsere Personmitte, um unsere Lebenskraft zu sammeln.
Die Ziele unseres Handelns werden uns von der Weisheit und der Erfahrung des Lebens vorgegeben. Zunächst geht es um mehr Achtsamkeit für die kleinen Dinge, für die Mitmenschen um uns.
In der Meditation können wir uns einüben in Mitgefühl mit den Leidenden, in Zuwendung für Einsame, in Hilfe für die Armen. Wir können unsere ursprünglichen Bedürfnisse erspüren und ihnen nachgehen.
So begleitet uns die Meditation jeden Tag durch das Leben. Wir brauchen die Zeit der Sammlung und der Stille. Sie ist wie das Atmen der Seele, in ihr holen wir Kraft. In ihr öffnen wir unsere Herzen für die Nöte und Bedürfnisse konkreter Mitmenschen.

Weisheit deckt das Wesen der Dinge auf.
Es gibt viele Arten der Weisheit und des Wissens.
Die innere Weisheit ist das Fundament
aller guten Eigenschaften.
Ohne die Weisheit kommen alle unsere Anstrengungen
nicht zum Ziel.
Weisheit soll dein Verhalten
zu den Mitmenschen prägen.

Dalai Lama, Rede zur Einweihung

Impulse

Was also ist die innere Lebensweisheit konkret? Sie unterscheidet sich deutlich vom Wissen, von der Wissenschaft. Sie kommt aus unserer Lebenserfahrung, auch aus unseren Gefühlen, aus der Tiefe des Lebens also.

Sie besteht in unseren Grundeinstellungen, die uns von anderen mitgegeben worden sind. Sie besteht in unseren Wertungen und Erfahrungen. Und wir müssen sie ständig ergänzen und korrigieren.

Doch sie gibt uns die Richtschnur für das gelingende Leben vor. In jeder Kultur werden Traditionen der Weisheit weitergegeben. Wir können von den Erfahrungen fremder Menschen und Länder vieles lernen.

Doch wir sind immer nur auf dem Weg, diese Lebensweisheit zu leben. Wir erreichen sie nie ganz, denn unser Leben ist begrenzt. Gemeinsam mit vielen Mitmenschen suchen wir den Weg der Weisheit, des Mitgefühls und der Liebe. Dies ist das kleine und das große Glück des Lebens.

Unsere Atmung verbindet unseren Körper
und unseren Geist.
Übe jeden Tag das bewußte Atmen.
Einfach zu atmen und zu lächeln
kann uns sehr glücklich machen.
Wenn wir bewußt atmen, erleben wir die Gegenwart
und wir finden uns selbst.

Thich Nhat Hanh, 21

Impulse

Wir kennen heute viele Atemtechniken, die zur Besserung unserer körperlichen und unserer seelischen Gesundheit beitragen können. Zumeist atmen wir unbewußt, doch hie und da können wir es bewußt tun.

Denn dann nehmen wir bewußt Lebensenergie in uns auf, es strömt Luft in uns ein. Wir nehmen Außenwelt in uns auf, und wir geben verbrauchte Luft an die Außenwelt ab. Dies ist unser Lebensprozeß.

Wir können in der Meditation das bewußte Atmen mit einem Lächeln verbinden. Dann drücken wir damit aus, daß wir uns des Lebens freuen, daß es gut ist zu leben, daß wir dankbar sind.

Unser Lächeln drückt aber auch unser Wohlwollen zu den Mitmenschen aus. Wenn wir es in der Meditation üben, können wir im Alltag den Mitmenschen mit Wohlwollen und Mitgefühl begegnen. Es ist die Freude, geliebt zu sein und lieben zu dürfen.

Beim Einatmen schenke ich meinem Körper Ruhe.
Und beim Ausatmen versuche ich zu lächeln.
Dann verweile ich beim gegenwärtigen Augenblick.
Nun spüre ich das Leben, es ist wunderbar.
Was hindert mich noch, glücklich zu sein?

Thich Nhat Hanh 22

Impulse

Wir können das bewußte Atmen mit der Meditation verbinden, einige Minuten jeden Tag. Dann spüren wir das Strömen des Lebens, die Kraft unserer Seele und unseres Körpers, und unsere Fähigkeit zu lieben.

Wir können unsere Kräfte sammeln und eine Zeitlang Ruhe finden. Dabei holen wir Lebensenergie in uns zurück, die wir dann im Leben neu einsetzen können. Vor allem, wir stärken unsere Liebeskraft.

Es ist gut, wenn wir bewußt die Gegenwart erleben, wenn wir auf unsere konkreten Mitmenschen und Aufgaben schauen können. Dann sehen wir, was von uns erwartet wird und wo wir gebraucht werden.

Das innere Glück des Lebens besteht im annähernden Gleichgewicht der Seele, im Gefühl des Liebenkönnens, nicht in der Leidlosigkeit. Wir alle suchen nach einer tiefen Verwurzelung für unser Leben, nach einer letzten Geborgenheit. Zum Teil können wir sie einander schenken.

Das Fenster zur Außenwelt

Unsere Sinne sind unsere Fenster zur Außenwelt.
Gelegentlich wehen Winde herein
und bringen alles durcheinander.
Von Zeit zu Zeit ist es gut, daß wir die Fenster schließen.
Doch oft sind wir zu träge,
um unser Leben sinnvoll zu gestalten.

Thich Nhat Hanh, 26f

Impulse

Unsere Sinne sind ein wunderbares Geschenk der Natur, durch sie nehmen wir die Außenwelt und die Mitmenschen in uns auf. Wir sehen, wir riechen, wir hören, wir tasten, wir spüren, wir schmecken.

Es ist gut, wenn wir unsere Sinnlichkeit entfalten können, wenn wir uns des Schönen um uns und in uns freuen können. Es ist wichtig, daß wir auch unsere Sexualität und Erotik tief erleben können.

Doch von Zeit zu Zeit sollen wir uns in unsere Innenwelt zurückziehen. Wir müssen kurz die Fenster schließen, um wieder Kraft zu sammeln, um die tiefen Bedürfnisse unserer Seele zu spüren.

Denn dann begreifen wir, wer wir sind und wofür wir leben. Wir sehen unsere Chancen und unsere Aufgaben. Und wir können unseren Alltag besser gestalten, denn unser Leben erhält einen tiefen Sinn. Es ist schön, mit anderen zu leben.

Mit anderen Menschen um den Tisch zu sitzen
gibt uns die Gelegenheit,
daß wir uns gegenseitig ein Lächeln der Freundschaft
und des Verstehens schenken.
Dies ist sehr leicht, doch nur wenige Menschen tun es.
Blicken wir einander doch an
und suchen wir die Gemeinschaft mit anderen!

Thich Nhat Hanh, 38f

Impulse

Wir sind keine Einzelwesen, wir brauchen die Gemeinschaft. Doch viele von uns neigen zur Isolation, sie möchten besser und stärker als andere sein. Dabei gehen sie in die Einsamkeit. Es ist gut, wenn wir uns darin üben, den Mitmenschen gute Gedanken und dann gute Worte zu schenken. Denn dann werden wir ihnen auch gute und hilfreiche Taten schenken können. Es ist immer zuerst in unserem Herzen, was wir später tun.

Wir können unseren Mitmenschen zulächeln, wir können ihnen gute Worte sagen. Dabei geben wir ihnen Mut, das Leben zu bestehen, wenn es schwer ist. Und das Leben ist für viele schwer und leidvoll.

Es kann uns immer gelingen, Gemeinschaft zu erleben. Doch wir müssen uns für konkrete Mitmenschen öffnen, wir müssen auf sie zugehen. Und wir müssen andere bei uns aufnehmen. Dann kann zwischen uns in kleinen Schritten das Gefühl der Liebe wachsen.

Das Essen offenbart uns die Verbindung mit der Erde.
Jeder Bissen enthält das Leben der Sonne und der Erde.
Jeder Apfel, den wir schälen,
kommt aus der Kraft der Erde.
In jedem Stück Brot, das wir essen,
können wir das Leben spüren.
Daher sollten wir immer achtsam essen.

Thich Nhat Hanh, 38f

Impulse

In unserer Kultur des Überflusses ist uns die Nahrung zumeist kein hoher Wert. Wir haben genügend davon. Und viele wissen gar nicht mehr, woher die Nahrung kommt und wie sie zubereitet wurde.

Gewiß achten heute viele von uns auf gesunde Nahrung, um den Körper nicht durch Giftstoffe zu schädigen. Es ist hoch an der Zeit, daß wir wieder mehr Ehrfurcht lernen vor den Gaben der Erde, von denen wir leben.

Wir können uns üben, von Zeit zu Zeit dankbar zu sein für das Brot und das Wasser, für die Milch und für die Tiere, für die Früchte und für den Wein. Es ist nicht selbstverständlich, daß wir davon in Überfluß haben.

Und wir sollten uns von Zeit zu Zeit üben, Nahrung mit anderen zu teilen, die zu wenig davon haben. Unser Leben wird von innen her reich, wenn wir das Teilen lernen. Und wir werden dankbar sein für alle Güter des Lebens.

Meist gehen wir zu hastig,
wir hinterlassen oft Spuren des Kummers
und der Angst.
Doch wir können uns üben,
unsere Schritte friedvoll und glücklich zu setzen.
Wir können sogar im Gehen meditieren,
dann werden wir eins mit uns selbst.

Thich Nhat Hanh, 42f

Impulse
Unser Berufsleben drängt uns, wir setzen unsere Termine knapp. Damit geraten wir oft in Eile und in Hektik. Viele von uns hasten durch das Leben, sie können die schönen Dinge des Daseins kaum noch genießen.
Doch der Mensch auf den Spuren der Weisheit übt sich in Ruhe und Gelassenheit. Er setzt seinen Schritt bewußt, er will den Erdboden unter seinen Füßen spüren. Denn er weiß sich getragen und verwurzelt.
Von Zeit zu Zeit können wir es üben, ruhig und gelassen zu gehen, das Leben in uns fließen zu lassen. Und wir können unsere Termine so ansetzen, daß wir weniger Eile und Hektik haben werden.
Ja, wir können auch in der Bewegung meditieren. Dann spüren wir das Leben und unsere Personmitte. Wir sammeln Kraft, damit wir sie anderen Menschen um uns schenken können. Wir spüren unsere tiefen Gefühle und Bedürfnisse, unser Dasein ist voller Wunder.

Die Erde küssen

Wenn du achtsam gehst, dann ist es so,
als würdest du mit den Fußsohlen die Erde küssen.
Wir haben der Erde viel Schaden zugefügt.
Jetzt ist es an der Zeit, daß wir uns um die Erde sorgen.
Jeder Schritt, den du bewußt setzt,
läßt eine Blüte unter deinen Füßen aufleuchten.

Thich Nhat Hanh 43f

Impulse

Diese Aussage können wir Menschen der Großstädte und der Asphaltstraßen kaum verstehen. Sie kommt aus der Erfahrung von Menschen, die barfuß auf der Erde gehen. Sie spüren den Boden mit ihren Fußsohlen.

Doch auch wir wissen, daß wir die Erde vielfältig schädigen, daß wir an ihr Raubbau betreiben. Wir versprühen tonnenweise Gift auf die Erde, um Schädlinge unserer Nutzpflanzen abzutöten.

Die alten Kulturen sahen die Erde wie eine Mutter, aus der wir Menschen herauswachsen. Damit hatten sie viel Ehrfurcht vor ihrer lebensspendenden Kraft. Auch wir können heute von dieser Einstellung etwas lernen.

Die Natur kann tatsächlich um uns blühen, wenn wir sorgsam mit ihr umgehen. Und wir selber beginnen glücklich zu leben, wenn wir unsere Mitnatur schonen, wenn wir liebevoll mit allen Lebewesen umgehen.

Sobald wir ein Instrument benutzen,
verändern wir uns selber.
Ein Geigenspieler wird mit seiner Violine schön.
Und ein Jäger wird mit seinem Gewehr gefährlich.
Wenn wir ein Auto benutzen,
werden wir ein Teil von ihm.
Ich muß dann wissen, wie und wohin ich fahre.

Thich Nhat Hanh, 46f

Impulse
Dieser Weisheitslehrer aus Vietnam will buddhistische Werte für die westliche Lebenswelt vermitteln. Es stimmt, unsere Werkzeuge verändern unseren Lebensstil. Unsere Computer greifen tief in unser Leben ein.
Es besteht für viele die Gefahr, daß sie von ihren Werkzeugen abhängig werden, daß sie ihnen ausgeliefert sind. Musische Menschen drücken ihre Gefühle und ihre innere Gestimmtheit durch Instrumente aus.
Soldaten und Jäger benutzen Waffen, gewiß auch, um sich und andere zu verteidigen. Wir können den Waffen nicht entkommen, wir brauchen sie zu unserer Sicherheit. Doch wir sollten nicht von ihnen abhängig werden.
Wir sollten auch nicht das Auto und den Computer über unser Leben bestimmen lassen. Es sind Werkzeuge, die wir zur Hand nehmen, die wir entwickelt haben. Es geht darum, was wir mit diesen Werkzeugen tun wollen. Entscheidend bleiben die geistigen Inhalte unseres Lebens.

Wenn du auf einer Straße im Stau stehst,
dann lehne dich nicht dagegen auf.
Denn das verändert nichts.
Versuche zu lächeln und zeige den anderen Menschen
im Stau dein Mitgefühl.
Atme ruhig und lächle und spüre in dir das stille Glück
des Daseins und der Gegenwart.
In der Meditation kannst du sogar dem Glück
deiner Kindheit begegnen.

Thich Nhat Hanh, 49ff

Impulse

Für die meisten von uns ist es schwierig, in einer mißlichen Situation die Ruhe zu bewahren. Wenn wir im Stau stehen oder lange Zeit beim Arzt warten müssen, dann vergeht uns meistens das Lachen.

Und doch können wir uns üben, in jeder Situation etwas Positives zu sehen, in jeder Situation voller Dankbarkeit das Leben zu spüren. Es ist die Meditation, die uns helfen kann, schwierige Situationen zu ertragen.

Denn in der Meditation gehen wir in unsere Personmitte, wir ziehen uns kurz von der Außenwelt zurück. Wir sammeln innere Lebenskraft, wir spüren und erleben den göttlichen Urgrund in uns.

Dies aber können wir in jeder Lebenssituation. Dann ist es möglich, daß wir dankbar sind für das Leben, daß wir lächeln können. Dann aber wird keine Zeit des Wartens sinnlos und keine Situation unerträglich.

Wir sollten es lernen,
wunschlos und absichtslos zu leben.
Denn es ist alles um uns
schon längst vor uns vorhanden.
Wir sind nur ein kleiner Teil unserer Welt.
Wir müssen mit der Hektik des Lebens aufhören,
sonst zerstören wir zuviel.
Üben wir uns im stillen Genießen,
wo immer wir es tun können.

Thich Nhat Hanh 53f

Impulse

Gewiß, wir brauchen ein gewisses Lebenstempo, es ist auch ein Zeichen der Lebendigkeit. Doch blinde Hektik läßt uns viele Dinge nicht mehr bewußt erleben. Wir hasten und rennen und erleben das Schöne kaum noch.

Wir haben wenig Zeit, um uns auf Mitmenschen wirklich einzulassen, um uns in sie einzufühlen. Wir verausgaben unsere Kräfte und nehmen uns wenig Zeit, sie wieder einzusammeln. So leben wir einseitig und überfordert.

Wir überfordern uns selbst und gegenseitig. Doch das muß nicht so sein, das ist kein Lebensgesetz. Wir können auch langsamer leben, wir können aufmerksamer den Tag gestalten als bisher.

Wir brauchen von Zeit zu Zeit die Stille, am besten jeden Tag einmal. Denn dann spüren wir unsere ursprünglichen Bedürfnisse, und unsere Lebenskraft kann wieder wachsen. Wir müssen nicht jeden Trend der Zeit blind mitmachen, wir können auch anders leben als die Trendsetter unserer Kultur.

Das Leben als Kunstwerk

Das Glück hat seine Grundlage in der Achtsamkeit.
Wir müssen uns bewußt sein,
daß wir glücklich sein können.
Denn unser Leben ist ein Kunstwerk.
Halten wir inne, um einfach dazusein.
Erst dann beginnen wir zu sehen und zu verstehen.
Die Früchte dieses Weges sind Frieden und Glück.

Thich Nhat Hanh, 55f

Impulse

Für viele von uns ist das Leben gewöhnlich und banal geworden, die Langeweile des Überflusses hält viele gefangen. Sie haben es längst verlernt, sich an den kleinen Erlebnissen zu freuen und für das Leben dankbar zu sein.

Unsere Grundeinstellung sagt uns, daß wir auf alles einen Anspruch hätten. Doch diese Einstellung zerstört unser Leben, sie macht uns nicht glücklich. In Wirklichkeit ist alles ein Geschenk, was wir erleben.

Wir können unser Leben mit ganz anderen Augen sehen. Wir können nämlich dankbar sein für alles, was wir erleben dürfen. Wir können uns freuen an der Sinnlichkeit und Erotik.

Achten wir auf unsere Gefühle, auf die Fähigkeiten unseres Geistes, auf die Regungen unseres Körpers. Dann können auch wir sagen, daß unser Leben ein Kunstwerk sei. Wir selber sind die Künstler, in der Freiheit des göttlichen Schöpfers.

Erleuchtung, Freude oder Frieden
werden uns nicht von außen verliehen.
Ihre Quelle liegt tief in unserem Inneren.
Wenn wir tief genug graben,
wird frisches Wasser hervorquellen.
In jedem Schritt, den wir bewußt setzen,
können wir Frieden und Freude erleben.
Denn das Glück des Lebens
kommt immer aus dem gegenwärtigen Erleben.

Thich Nhat Hanh, 58f

Impulse

Wie finden wir ein gutes und glückliches Leben? Viele Menschen reisen heute um die halbe Welt. Oder sie stürzen sich in virtuelle Welten, um das große Glück zu finden. Mit dem kleinen Glück sind sie nicht zufrieden.

Dabei liegen die Ansätze zum Glücklichsein immer so nahe. Sie liegen in uns selbst, nämlich in unseren tiefen und authentischen Bedürfnissen. Diese aber können wir an jedem Ort der Erde erkunden.

Wir brauchen Menschen, die uns Zuwendung schenken und denen wir Zuwendung geben können. Dann werden wir eine positive Einstellung zum Leben bekommen. Wir werden die Erlaubnis haben, uns des Lebens zu freuen und es ganz zu entfalten.

Wir alle können es lernen, jeden Tag ein Stück des Glücks zu erleben. Wir können uns einüben in die Lebensfreude des Alltags, in das Glück der Sinnlichkeit und der Liebe. Dann wird unser kleines Leben voller Wunder sein und voller Überraschungen.

Können wir Zorn und Wut
in etwas Heilsames verwandeln?
Wir müssen es lernen, auch unseren Zorn
mit Liebe und Achtsamkeit zu beobachten.
Dann werden wir ihn verstehen.
Doch dann können wir den Zorn verwandeln,
wir müssen nicht vor ihm weglaufen.
Und in uns kann tiefer Friede entstehen.

Thich Nhat Hanh, 71f

Impulse

Es ist für alle Menschen schwierig, mit Haß und Zorn umzugehen. Wir werden einfach zornig, wenn Mitmenschen uns reizen oder ärgern oder verletzen. Das ist eine natürliche Reaktion in uns.

Nun können wir näher hinsehen, was bei uns den Zorn auslöst, was uns besonders verletzt. Oft hat es mit Erfahrungen in der frühen Kindheit zu tun. Wenn wir dies sehen können, verändert sich unsere Reaktion.

Vor allem wir müssen nicht im Zorn gefangen bleiben, wir müssen nicht dauerhaft hassen. Und wir können zornigen Mitmenschen anders begegnen, denn wir werden sie zum Teil verstehen.

Freilich wir müssen uns vor zornigen und hassenden Mitmenschen hinreichend schützen. Doch es ist möglich, auch ihren Zorn zu verringern und vielleicht zu überwinden. Wir sollten einander helfen, unseren Zorn loszulassen und einander besser zu verstehen.

Wie können wir Angst überwinden?
Begegnen wir der Angst mit Achtsamkeit,
dann hat sie eine Begleiterin.
Denn wenn wir unsere Angst wirklich ansehen können,
dann wird sie schon geringer.
Wenn wir die Quelle der Angst erkennen,
werden wir in Frieden und Gelassenheit verwandelt.

Thich Nhat Hanh, 73ff

Impulse

Viele Menschen erleben heute eine unbestimmte Angst, sie hindert ihr ganzes Leben. Sie wissen nicht, woher sie kommt. Doch wir können genau hinsehen und erkennen, was unsere Lebensangst ursprünglich ausgelöst hat.

Dafür gibt es heute viele psychologische Hilfen. Wir können unserer Angst ein Gesicht geben. Oft sind es konkrete Personen, die diese Angst in uns ausgelöst haben. Sie muß nicht nebulos bleiben.

Wenn wir der Angst ins Gesicht sehen können, dann werden wir beginnen, sie loszulassen, in kleinen Schritten. Dann wird sie uns nicht mehr lähmen, nicht mehr festhalten können.

Jeder Mensch kann ein Stück Geborgenheit finden in seinem Leben, der eine mehr, der andere weniger. Wir können einander unsere Lebensangst vermindern, wir können einander Geborgenheit schenken. Und wir können einander voll Liebe und Mitgefühl durch das Leben begleiten.

Den Haß loslassen

Wenn jemand voller Zorn und Haß ist,
dann ist er wie in der Hölle.
Doch wenn er sich vom Haß befreien kann,
dann wird er zu Mitleid und zu Liebe fähig.
Ich kann es lernen, meine Wut loszulassen,
wenn ich ihre Wurzeln erkennen kann.
Üben wir uns in der Achtsamkeit,
dann gelingt uns die Verwandlung des Hasses.

Thich Nhat Hanh, 77ff

Impulse

Für viele Menschen ist es schwer, ihren Haß loszulassen, in dem sie sich verfangen haben. Sie meinen, sie hätten ein Recht oder die Pflicht, andere zu hassen, wenn sie von diesen verletzt worden sind.

Es ist immer zuviel Haß in unserer Lebenswelt. Fanatiker und Demagogen schüren unter uns den Haß gegen Fremde, gegen Ausländer, gegen Sozialschmarotzer, auch gegen das andere Geschlecht.

Es sind seelisch verletzte Menschen, die den Haß schüren, die andere in diese Dynamik der Zerstörung hineinziehen wollen. Wir müssen uns diesen Menschen widersetzen. Und wir müssen ihnen zugleich helfen, ihre Einstellung zu ändern.

Es ist möglich, genau hinzusehen auf die Ursachen des Hasses. Und es ist dann möglich, den Haß loszulassen und zu verwandeln. Wir können die Energie, die der Haß gebunden hat, dann für aktive Nächstenliebe und Nächstenhilfe einsetzen. Wir können lieben, wir müssen nicht hassen.

Wollen wir in Frieden und Glück
mit anderen Menschen leben,
dann müssen wir ihre Eigenart verstehen lernen.
Nur dann können wir einander viel geben
und gemeinsam Freude erleben.
Ein Mensch hat nicht nur Blüten,
an ihm sind auch immer dürre Blätter.
Auch sie müssen wir annehmen lernen.

Thich Nhat Hanh, 88ff

Impulse

Es ist oft sehr schwer, einen Mitmenschen so anzunehmen, wie er ist. Denn viele sind durch ihre Lebensgeschichte eigenwillig und trotzig geworden. Sie gehen uns auf die Nerven und leben gegen unseren Strich.

Wie sollen wir damit umgehen? Es ist wichtig, daß wir die Lebensgeschichte unserer Mitmenschen verstehen lernen. Dann begreifen wir, warum einer so geworden ist, wie er eben ist.

Gewiß sind kleine Veränderungen möglich, im Wechselspiel von Beziehungen. Aber der Veränderung sind Grenzen gesetzt, viele können nicht aus ihrer Haut. Auch wir selber können es nicht.

Wir alle haben einen gewissen Spielraum, um seelisch verletzte und damit schwierige Mitmenschen ertragen zu können. Viele sind eine Erprobung unserer Geduld, eine Herausforderung an unsere Spannkraft.

Doch es ist möglich, gedeihlich zusammenzuleben, wenn wir es lernen, Grenzen des Lebens anzunehmen, bei uns selbst und bei anderen Menschen. Wir können viel innere Lebenskraft entfalten, wenn wir uns darum mühen.

Wenn wir einander verstehen,
dann werden wir uns nicht gegenseitig hassen.
Wenn wir den Zorn des Mitmenschen verstehen,
dann wird er uns vertraut.
Wir müssen einander mit den Augen
des Mitleids betrachten,
dann werden wir einander verstehen.
Denn jeder Mensch hat seine Grenzen.

Thich Nhat Hanh, 100f

Impulse

Es ist sehr schwer, in der Nähe von zornigen und hassenden Menschen leben zu müssen. Besonders in Partnerschaften ist dies fast unerträglich, denn solche Menschen bedrohen unser Leben.

Doch können wir uns mühen, den Hassenden zu verstehen und zu sehen, was seinen Haß ausgelöst hat, was ihn verletzt hat. Wenn wir seine Verletzungen sehen, dann werden wir so etwas wie Mitleid empfinden.

Aus dem Gefühl des Mitleids heraus können wir dem Hassenden vielleicht helfen, seinen Haß loszulassen. Aber wir müssen uns vor ihm schützen, wir müssen ihm auch deutlich Widerstand entgegensetzen.

Es ist ein schwieriger und leidvoller Weg, mit hassenden Menschen zu leben. Doch es ist möglich, alte Verletzungen zu heilen, so daß der Haß geringer wird und zu Ende kommt. Haß ist wie eine seelische Krankheit, von der viele Menschen befreit werden möchten.

Wir müssen die Menschen, die wir lieben,
wirklich verstehen.
Wir müssen genau hinsehen auf die Bedürfnisse,
die Strebungen und die Leiden der Menschen,
die wir lieben wollen.
Nur auf dem Boden des Mitgefühls
gedeihen Glück und Frieden.

Thich Nhat Hanh, 101f

Impulse

Es ist oft nicht einfach, geliebte Menschen wirklich zu verstehen. Zuerst machen wir uns ein Idealbild aus dem Liebespartner. Und es dauert seine Zeit, bis wir sein reales Leben erkennen können.

Dabei gibt es oft Enttäuschungen, denn das Idealbild paßt nicht zur Wirklichkeit. In einer Partnerbeziehung lernen wir schrittweise gegenseitig unsere wirklichen Bedürfnisse und Ängste kennen.

Liebende Menschen leben immer in einem gegenseitigen Lernprozeß. Sie entdecken Neues, das sie nur geahnt haben. Und sie lernen sich selbst besser kennen. Gemeinsam sind sie auf dem Weg der Lebensweisheit.

Einander verstehen können ist die Voraussetzung, um einander dauerhaft lieben zu können. Dabei haben wir alle das tiefe Bedürfnis, von anderen verstanden und geliebt zu werden. Doch wir alle haben die Fähigkeit, einander Liebe und Zuwendung zu schenken. Dies ist das große Wunder unseres Daseins.

QUELLENANGABE:

Pali-Kanon: besteht aus drei „Körben“: Disziplin, Lehrreden und Metaphysik; Text nach R. Gard, Der Buddhismus. Genf 1981, 12ff.
König Ashoka: lebte im 3. Jh. v. C.; Text nach R. Gard, a. a. O. 18ff.
Dhammapada: „Texte der Lehre“, Mönchslyrik.
Itivuttaka: Lehrreden des Buddha „So spricht der Buddha“.
Jataka: „Erzählung der Geburten“.
Udana: „Feierlicher Text“.
Milindapana: Die Fragen des Königs Milinda.
Theragatha: Lieder und Gesänge der alten Mönche.
Digha Nikaya: Teil aus dem Pali-Kanon (Tipitaka).
Samyutta Nikaya: Sammlung von Gruppengesprächen.
Anguttura Nikaya: Abschnitt aus den Suttapitaka.
Majjhima Nikaya: Abschnitt aus den Suttapitaka.
Suttanipada: Sammlung von Aphorismen.
Dalai Lama: Der Weg der Freiheit. 1996.
Gran Popa: Text nach R. Gard, a. a. O.
Har Dayal: Text nach R. Gard, a. a. O.
Thich Nhat Hanh: Ich pflanze ein Lächeln. 1991.
Jack Kornfield: Buddhas kleines Weisungsbuch. 1994
Dalai Lama: Rede zur Einweihung eines Stupa (Graz, am 12. Juni 1998).

LITERATUR

Mariangela D'onza Chiodo, Sagezza buddhista. Milano 1996.
R. Gard, Der Buddhismus. Genf 1981.
K. Meisig, Klang der Stille. Der Buddhismus. 1995.
H. von Glasenapp, Pfad zur Erleuchtung. Buddhistische Grundtexte. 1978.
E. Conze, Im Zeichen Buddhas. Buddhistische Texte. 1957.
K. Seidensticker, Pali-Buddhismus in Übersetzungen. 1923.
K. Schmidt, Buddhas Reden. 1978.

Die Herausgeberin:
Eva Maria Kulmer,
geboren 1973 in Pischelsdorf,
Studium der Religionswissenschaft.